ヘタレ人類学者、沙漠をゆく

僕はゆらいで、少しだけ自由になった。

小西公大

大和書房

プロローグ

「なあ、コーダイ。世界は全部、風によってできていると思わないか？」

突然パーブーが語りかけてきた。

沙漠の夜は冷え込む。僕らは、パチパチと音をたてる焚き火を前に、静寂な夜のもの思いにふけっていた。月は、流れる雲の動きに沿って、世界を照らしたりその姿を潜めたり、忙しそうだ。

「なんだよ、突然。風がなんだって？」

「人生がどこに向かって吹いているか、誰かわかるヤツがいるかい？　あの泥造りの家だって、数ヶ月ほうっておけば、あっという間に崩れて大地に飲み込まれて、サラサラと流れていくさ」

彼は少し離れたところに建っている、家族の住む泥造りの小屋を指差して、軽くため息をつく。

「僕の考えてきたことだって、あっという間にヒューヒューと流れ出ていく。いま僕が吐き出している息みたいなもんだ。それで、今度は新しい考え方がビシビシと身体に当たってくるんだ。これって、いま吹いている風がまき散らす砂塵のようだろ？」

このパーブーという名の青年には、こういうところがある。小学校も卒業していない身の上だが、時にわけ知り顔をして、独特の比喩でもって、哲学的な言葉をさらりと漏らすのだ。そう、世界の根源《アルケー》を発見した、ギリシャの自然哲学者のように、ドヤ顔で。彼は続けた。

「結局さ、ジタバタしてもしょうがないんだ、と思うよ。あのアカシアの木のそばにあった大きな砂丘だって、一年もしないうちに（風に吹かれて）なくなってしまった。僕らの生命だって、ちょっと先にあるかないか、誰も知らない。僕らは食べるものと飲むものと、身体中の穴という穴から入り込んでくる砂つぶからできていて、それを取り込んだり排出したりしているだけさ。心も身体も、そうやって風のように流れ続けるんだ。コーダイとまた来年ここで会ったとしても、それはもう僕ではなくなっているはずさ」

極貧の生活の日々。生と死が隣り合わせの世界で生きてきた青年の言葉には、重みがある。僕は3ヶ月間の沙漠の滞在を終えて、明日この地を去る。風のようにやってきて、風のように去る。どっどどどどうど……。風の又三郎のフレーズが頭をかすめる。

「でもさ、来年またここで会っても、僕はまたコーダイだし、君はパーブーだろ。別の存在ということはないさ」

「違う。僕はその1年間に、吹きさらしの風のようにふわふわと舞い続ける。息を吸って、吐くという行為を続ける。呼吸をして、食べて排出して、いろんな意見を吸収して、吐き出して、僕という存在はずっとゆらぎ続けるんだ。そう、風によってゆらぎ続けるのが、この世界の真理ってこと。何を言いたいかっていうと、僕のことを忘れないでいてくれよ、ってことさ！」

彼は、僕の背中をバンバン!! と叩いて大笑いをし、手にしたサボテンの蒸留酒（違法）のグラスを傾け、一気に飲み干した。

今思うと、その時のパーブー青年の発言は、次の日に去っていく僕とのしばしの別離に対する寂しさを、なんとか言葉にして紛らわそうとする、彼なりの方法から生まれたものだったのかもしれない。しかし、この時の彼の話は、その後の人生のなかで、リフレインし続けた。風と、ゆらぎ。僕という存在の、ゆらぎ。世界の、ゆらぎ。

本書は、この「ゆらぎ」をキーワードに、僕が関わってきたインドのタール沙漠での出来事を書き綴ったものだ。書いているのは、いつまでたっても成熟しない旅人として、またヘタレな研究者として、この地に通い続けた僕に生じたゆらぎと、そのゆらぎを許容する豊かな社会のこと。そして僕が入ることで生み出されてしまった、現地の世界のゆらぎのこと。つまりこの本は、未成熟でヘタレな人類学者とともに歩む、ゆらぎの可能性の物語りである。

目次

ヘタレ人類学者、沙漠をゆく 僕はゆらいで、少しだけ自由になった。

第4章 黄金の街で出会った青年

第二部　褐色の世界で見たもの

第5章　沙漠で生きるということ

第6章 超自然的世界への入り口

第三部　ゆらぎの世界

第10章　所有をめぐる問題

第四部　僕がゆるがせてしまった世界

第11章　交差する人生

本書について、または「ゆらぎ」のフィールドへの誘い

はじめに、本書の前提と構造をお話ししよう。前提など面倒だ、早く物語りを始めろ、という読者の方は、ここを飛ばして1章から読み始めることをオススメする。

この本は、ヘタレ人類学者である「僕」が、インドで散々な目に遭う……ではなく、インド（特に沙漠地帯）で貴重な経験を繰り返しながら変容していく、極めて個人的で赤裸々な内容を綴ったものだ。

キーワードは、「ゆらぎ」。

そのため、本書は「ゆらぎ」をめぐる幾つかの領域を横断する形で構成されている。

第一、二部は、インド世界に分け入っていく過程を通じて、僕自身に訪れた「ゆらぎ」の経験を軸に話を展開しよう。第三部「ゆらぎの世界」では、僕が飲み込まれていった沙漠の社会が、「ゆらぎ」に対してどのように対応しているのかを見ながら、僕らの生きる日本社会を逆照射してみたい。第四部では、僕が沙漠の世界に組み込まれていく過程で、現地社会をどのよ

うにゆるがせてしまったかに、焦点を当てよう。

僕は旅人としてというより、人類学者（フィールドワーカー）として、インドと接する時間が長かった。しかし、「人類学者」ってなんだろう。結局僕は、調査だの研究だのといいながら、生身の人間として現地の世界とぶつかり合う以上のことはしていないのだから、この本は「ヘタレ人間が見たインド世界」ということになるだろう。

ただ、底流する「ゆらぎ」という視点はブレないように、注意をした。このキーワードから、「彼ら」の社会、「僕ら」の社会のあり方を同時に捉え、かつその接点と共通の構造を見出そうとする、ある種「人類学的な」まなざしは、もしかしたら垣間見ることができるかもしれない。

人類学ってなんだよ？　という読者のために、ざっくりと説明しておこう。

ここでいう人類学とは、人文科学の領域の一つ「文化人類学」のことを指している。住み慣れた居心地のいい世界をなぜか飛び出し、そう簡単に了解できないような世界にあえて飛び込み、長期間滞在しながら現場の論理を総合的に理解しようと努め（フィールドワーク）、そこで得られた知見を、論文や映像作品にまとめつつ（エスノグラフィー）、自身が生きている社会のあり方をゆさぶろうと躍起になる。そういう面倒くさい人たちが人類学者だと考えていただければ、それほど間違ってないだろう。

近年では、「他者を理解する」ことより、「他者とともにありながら世界を眺めよう」という傾向も強い。いずれにしても、全き他者に全身でぶつかっていくような学問だ。

面倒くさい作業だけど、「馴染みの世界」「あたりまえの世界」にいるだけだと見えてこないものはたくさんあるし、「異質な他者」がどのように生きているかに深く触れることで、自分たちが抱えている問題をクリアにしたり、今までにない発想を生み出すこともできる。

せっかく安定している(ように見える)自分たちの世界をゆさぶって、現状の問題をえぐって、未来の可能性に繋げていこうとする、果敢な知の挑戦者たち。そう言ってみると、かっこいい。でも、本書が扱っているのは、その裏のカッコ悪い部分、つまり「ヘタレ」の部分なのだ。

「ヘタレ」にはいろんな意味を込めた。僕自身が持っている資質という意味もある。でもそれだけではない。思えば人類学者なんて、フィールドにおいてはみんなヘタレているはずなのだ。それはそうだろう。自身の持っている価値観や世界観ではなかなか対応できない「異質さ」を求めて悪戦苦闘するのが人類学者なのだから。

現場でうまくやってのけるデータ収集の鬼のような人類学者なんて、人類学者ではない、と思う。失敗し、迷惑をかけ、お邪魔しながらも少しずつ理解し合い、瑣末なことにこだわりながら全体像を見ようとしてもがき、トライ&エラーの連続が他者との関係をつくる最善の方法であることを知っているのが、人類学者だと思うからである。

基本姿勢は、フィールドに「入れていただく」。極力、他者を不快にするようなことはあってはならない。しかし、人間が関与し合う状況下で、完全に互いの不快感を払拭することは、とても困難だろう。

だから人類学者は、フィールドでは「ヘタレ」でなくてはいけないのだ。

もしくは、どうやったって「ヘタレ」るものなのだ。少なくとも現場に入った当初は、まだ社会化されていない赤子のようにしか振る舞えないのだから。


しかし、（僕も含めて）人類学者たちがホームタウンに戻り、難解な専門用語を用いて論文（民族誌＝エスノグラフィー）やエッセイを書く時には、ヘタレ感がすっかりなくなって、かっこよさ満載の論理的な論考へと昇華されている。

だから、みんな勘違いする。人類学者は「他者理解」「異文化理解」のエキスパートだと。知の挑戦者なんだと。

しかし、世間が思っているほど、人類学者は立派な存在とは言えないかもしれない（もちろん、立派な人はいるんだろうが。え？　立派だなんて思われてない？……いや、そもそも立派ってなんだ？）。

本書は、論文などでは表に出ることがない、人類学者のヘタレ感を前面的に出すことにした。包み隠さず、堂々と。失敗をし、現地の方々を怒らせ、自身も鬱屈し、それでも彼らと泣いたり笑ったりし合い、学び合う関係の最も豊かな部分。これこそが、人類学的な実践の、ひいては生きるということの醍醐味なんじゃないだろうか。きっとこのヘタレた部分こそ、人間のリアリティが溢れかえる、最も「人類学的」で「人間的」な領域なんじゃないだろうか。そんなことを考えながら、本書の執筆を進めた。

さて、準備は整った。

まずは、なんで僕がインドに飛び出していったのか、そのあたりから始めたいと思う。

ヘタレ人類学者、沙漠をゆく　僕はゆらいで、少しだけ自由になった。

MAP

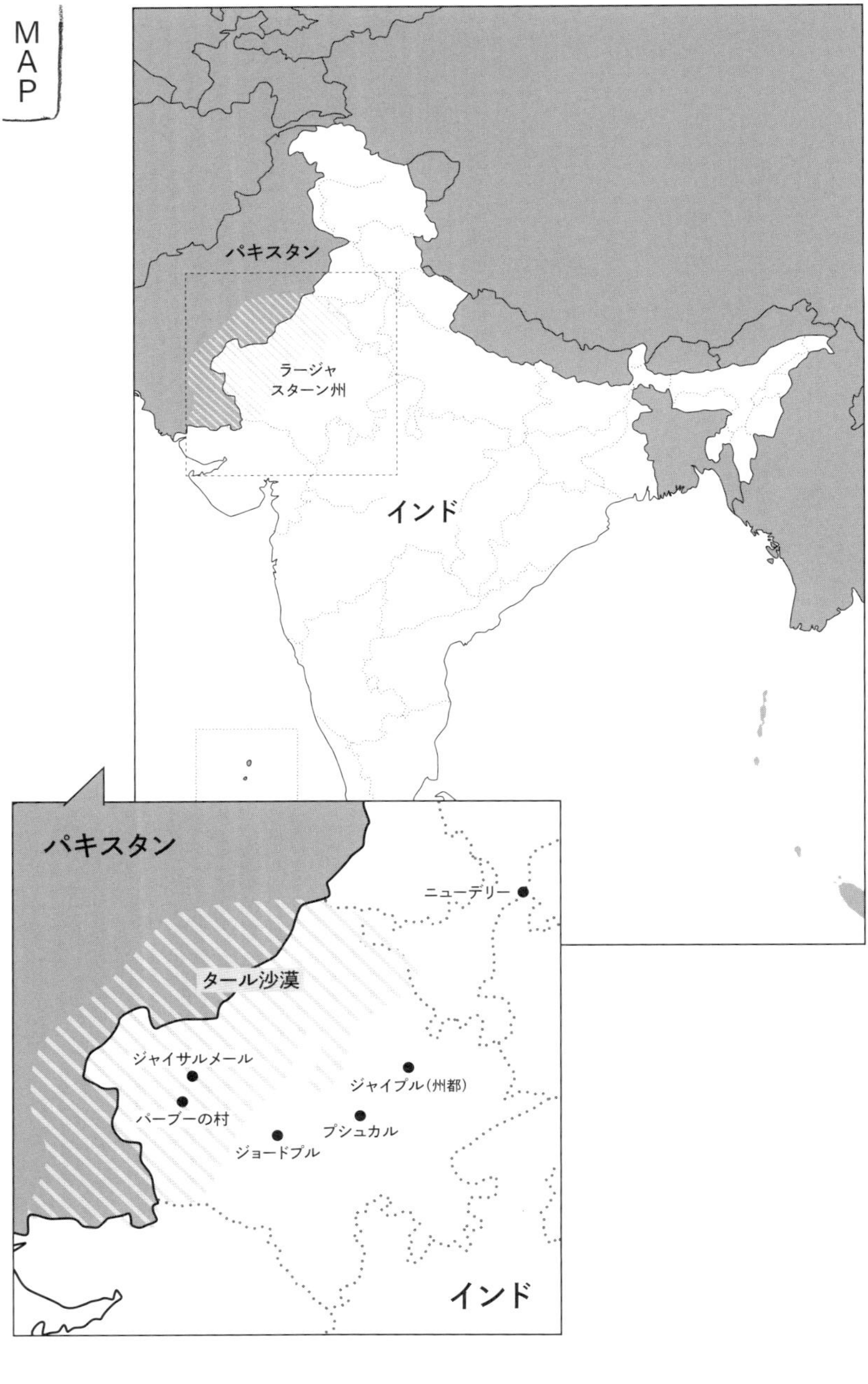

パキスタン
ラージャ
スターン州
インド
パキスタン
ニューデリー
タール沙漠
ジャイサルメール
ジャイプル(州都)
パーブーの村
プシュカル
ジョードプル
インド

第一部

ゆらぐ自分

第1章　旅立ち

ヘタレ人間の孤独

じっとしていられない（多動）。
忘れ物や無くし物が絶えない（不注意）。
人の繊細な気持ちを汲み取れず、良かれと思って言ったことが舌禍《ぜっか》を招く（無神経）。
大事な局面ほど失態をやらかすことが多い（計画性の不在）。

これらが、僕をヘタレな存在たらしめる要因たちだ。子どもの頃から、本当によく教師に叱られたものだ。しかし、いわゆる「悪ガキ」とはちょっと違う。身体的な痛みと、人に嫌われることを最も苦手とするから、危ないことはせず、つらそうなことからは逃げ、ひょうきんモノを気取り、クラスのエンターテイナーになろうとした。
一方で、自身が納得したことしか動けない／動かない。教師の発言の意図が伝わらない、言うことを聞かない、うまくコントロールできない生徒。

読書は好きだった。小学生から『般若心経入門』とかフロイトの『夢判断』やシュリーマンの『古代への情熱』なんかを夢中になって読んでいた。「変なヤツ」と称されることも多かった。他人と違う奇妙な言動を繰り返して、周囲の耳目《じもく》を集めることが多かったように思う。得意技は、落語の小噺《こばなし》、銭形平次のモノマネ（あだ名はずっとゼニだった）、そしてガマの油売り口上。修学旅行のバス内でのカラオケ大会で、美空ひばりの「リンゴ追分」を熱唱し、クラスのみんなをドン引きさせたこともある（他の子は光GENJIやBOØWYを歌っていた）。どれも時代にそぐわない、渋い選択だ。必死に差異化をはかり、「ちょっとイカれた面白いヤツ」のポジションを死守していたんだろう。クラスではそれなりに人気者だったが、恋愛云々に関しては極めて奥手だった。

こんな生い立ちを持つ人間が、ひょんなことからインドに一人で飛び込むことになった。その経緯をお話ししよう。

大学に入ってしばらくした頃。通っていた大学には、人類学の研究室があった。週に一度、夜に開かれるこの研究室の飲み会に顔を出すようになっていた。

当時の僕といえば、人々との新たな出会いの渦の中で、どのように泳いでいったらいいかわからず、困惑しっぱなし。高校までは、「決まった枠組み（クラスや部活）の中で、なんとかうまくやり過ごす」技術を磨いてきた。僕は道化師のようなポジションに収まることで、自分の居場所を確保するようなタイプの人間だった。「いじられキャラ」というのだろうか。それは時にイジメに近い言動までエスカレートすることもあった（特に中学校の時だ）。それでも僕はクラスという閉鎖空間の中で、自分の居場所を死守するために、ヘラヘラと笑って過ごすしかなかった。それが最善の生存戦略だと思っていた。

しかしどうだろう。大学に入ったら、うまくやりくりするためのフレームが、ほぼなくなった。誰と仲良くするか、どんな学びを選択するか、誰と恋愛するか、どのコミュニティに属すか。これまでの戦略では歯が立たない。おちゃらけたところで、引かれるだけだ。

全ては「あなた」次第だ。「あなた」を確立しなさい。

そう言われている気がした。次から次へと新たな登場人物がやってきて、「君はどんな人間なんだい？」と問いかけてくる。真面目に答えようとすると、言葉が出ない。僕はこれまで、生身の人間として他者と触れ合ってこなかったのではないか。ポジショニングに必死になり、役割やキャラを演じ、「まともに自分と向き合う」ことをしてこなかったのではないか。自身の内面を見透かされないように、必死に鎧で身を隠してきたのではないか。そう自分を責める毎日。

そんなわけで、どうしても自分に自信が持てず、そこはかとない孤独感に苛《さいな》まれる日々がはじまった。いわゆる「コミュ障」というやつに近い。だって、初対面の人間と、何を話せばいいっていうんだ？　なんでみんなそんなに楽しそうにワイワイはしゃげるんだ？　自己を確立するって、いったいなんだ？

「自分壊し」の旅に出る

そんな時に、引きこもるように読み耽ったさまざまな人文書が影響し、人類学に興味を持ち始めた。人間存在への壮大な問いを追究する書籍たちは、僕のちっぽけな日常の孤独感を吹き飛ばした。はるか見知らぬ世界へと駆けめぐる想像は、みすぼらしい自分の姿を思い出さないようにするための処方箋だったのかもしれない。ある種の逃げのようなもの。一方で、突然海外に飛び出していくほどの勇気は持っていない。せいぜい身近にして土俗的な世界への憧れを抱きつつ、関東近辺の神社仏閣や名所旧跡を訪ねて歩きたいと感じるくらいだった。それが「自分らしさ」とつながっているような気がしていた。

ある日僕は、顔を出し始めていた研究室の飲み会の席で、隣に座った教授に、茨城の鹿島神宮や千葉の香取神宮に古くから伝わる要石《かなめいし》[1]について知り得た情報をまくしたて、日本の記紀神話の構造分析の可能性について偉そうに語った。釈迦に説法。なんと不躾《ぶしつけ》で、思慮の足りない人間なのか、と今では思う。こういう社会性のなさこそ、ヘタレたる所以《ゆえん》なのだ。

案の定、そのあと僕はしっかりとその教授にお灸を据えられてしまった。「ちょっといいかね。少しカラむぞ」という前置きつきで。

お前さんが本気でそれをやりたければ、まずは籠って古文書の勉強をしなさい。学問とはそういう手続きが必要なんだ。だが君がやりたいことは、人類学ではない。だから僕らは君の面倒は見られない。それにしても、記紀神話の構造分析だって？ もう20年も前に流行った方法論を持ち出してきて、偉そうなことを言うんじゃない。人類学は、今、ここで起きているコトや世界を、自分事として引き受けることから始まるんだ。異質なものを異質なものとして見ていても何も生まれない。研究の対象は世界でもあるが、お前さん自身でもある。えらそうな論理で世界を切り取ることも大切だが、その前にまずは世界に飛び込みなさい。世界の異質さを存分に味わって、もみくちゃにされて、自分を壊してきなさい。話はそれからだ。

そんなことを、まくし立てられた。その後のことは、ぼんやりとしか覚えていない。ショックだった。「よく勉強しているな」と褒められるかと思った。せっかく専攻が決まりそうだったのに、[2] 教授の心証を害してしまったのでは、もう難しいかもしれない。そんなことをウジウジ考えながら家路についた。

それにしても、「自分を壊せ」ってなんだ？　僕が大学に入って要請されてきたことは、「自己を確立すること」ではなかったのか？　小学生の頃から耳にタコができるほど言われてきた、「個性を磨け」ということではなかったのか？　他者との関係の網の目でうまくヤリクリするためには、まずもって「自分らしさ」を確立して、ゆるぎない自我を鍛え上げていくこと。大学に入ってからは、ずっとそれが重要事項だった。自己を確立すれば、いろんな人とうまく渡り合えるんだ。うまくいかないのは、僕自身が確立されておらず、ゆらいでいるからだ……。

もみくちゃにされて、自分を壊してきなさい。

この言葉が、頭をぐるぐると回り続けた。

翌日、昨日の陰鬱な気持ちは吹き飛び、僕はシティバンクの新宿支店で口座を開設していた。そうすれば、海外でもキャッシュが簡単に手に入る。

1　地中にひょっこりと顔を出しながら、地中深くまで埋まり、何日かけても掘り出すことのできない霊石。地下深くの巨大ナマズの動きを封じていて、地震を鎮めている、とか。新海誠監督作品『すずめの戸締まり』でも描かれた、あの石のことです。

2　東京都立大学の当時の人文学部は、リベラルアーツ的な方法をとっていて、1年次には専攻が決まっておらず、さまざまな領域の授業をとりながら2年次以降の専攻を選ぶ、という方式だった。このやり方、とてもいいよな、と今でも思う。

一晩寝れば、気分が変わる。ここは、自分の好きなところの一つだ。

わかったよ。とにかく、海外に飛び出してやる！

意固地な気持ちと小さな期待感が、そう決断させた。大学の春学期は終わりかけており、もうすぐ夏休み。この長期休暇を使って、とりあえず異国で経験を積むのだ。そうすれば、孤独に頭を悩ませ、殻に閉じこもって読書に逃げる自分を変えられるかもしれない。いや、変えるのではなく、ぶっ壊すんだ！

「壊す」って、正直なんだかよくわからないが、僕は大学に入ってから、間違った方向に必死に進んでいたように思い始めていた。どんなに本を読んで、授業の課題を頑張っても、「自分らしさ」を求めて右往左往しても、孤独感は増すばかりじゃないか。この先、他者とつながりながら充実した大学生活をエンジョイしている自分が、想像できなかった。なら、教授の言うように、壊してみるのもいい。「自分探し」の旅ではなく、「自分壊し」の旅に出る。それも面白そうだ。勢い余って、そのまま新宿東口の旅行代理店（ＨＩＳ）へと向かった。

しかし、海外って、どこにいくんだ？

このあたりが多動人間の弱いところ。意気揚々と飛び出したはいいが、計画性は後回し。旅行代理店に来たところで、具体的な案はなかった。
店内をうろつきながら、思考を巡らす。異質さを存分に味わうことのできる世界って、どこだろう？　英語があまり通じず、コミュニケーションに困難があるところがいいのではないか。もみくちゃにされるくらい、人が多い国がいい。それに加え、発想が全く噛み合わず、わかり合えないような人が多い国は……？

――インド

天啓のようにこの名前が脳裏に浮かぶ。

インドにルーツを持つ世界の皆様、誠に申し訳ございません。ひどい偏見だし、あまりに本質主義的だ。若気の至りとはいえ、発想が浅はかすぎる。しかし、聞いてほしい。これには前提があるのだ。
実は、僕の父はインドなど南アジアを中心に発掘をする考古学者・民俗学者だった。家にはインドの奇妙な神様の像が飾られていたし、髭モジャのインド人留学生が家に滞在していたこともあった。それに加え、僕は一度、父にインドに連れて行ってもらったことがある。その時は、まだまだ経験や発想が未熟すぎた。父の庇護《ひご》のもと、あまりに理解不能な世界を前にたじろぎ、無我夢中で自分を守ろうとしてしまった。そう、怖かったのだ。

あの、あまりにも不可解で、でも刺激的で、異質性の宝庫のような国に、たった一人で立ち向かうことで、自分が壊せるかもしれない。何かが変わるかもしれない。そうだ、リベンジだ。直接対決だ！

そう心に決めて、カウンターに向かい、10日後に出発するデリー行きの航空チケットを購入。帰りはオープンチケット。思う存分、壊してやるさ。多動力、乾杯！

バタバタなインドへの旅路

出発当日。

僕は、夏休みに入ってにわかに混雑する成田空港で、財布やパスポート、航空チケットなどが一式入ったポーチを、丸ごと無くした。というより、落とした。

今回の旅に使用する全財産が、なくなった。入れていたのは、ベルトに装着するタイプのポーチ。スリなどの危険を回避するために全て大切なものは腰回りに、と考えて購入したものだ。チェックイン・カウンターへ向かう行列に並びながら、パスポートをチェックしようと腰に手を回すと、そこにあるはずのポーチがない。バックルから外れて、ベロンと垂れているベルトがあっただけだった。

言い訳をさせてほしい。いつもなら穴に差し込むタイプの（留め金式の）ベルトをしていたはずだ。しかし、その普段使いのベルトは、牛革製だった。牛が神様の国に行くのに、牛革のベルトはまずいだろう。そう思って、ワークマンでナイロン式のガチャベルト（バックルでベルトを挟み込むタイプ）を購入していたのだ。それが災いした。慣れないせいか、しっかりと留まっていなかったのだろう。ポーチの重みで、簡単にバックルが外れてしまったのだ。当然、ポーチはベルトをすり抜け、どこかでポロッと落ちた。

茫然自失。顔から血の気が引いていくのがわかる。

僕はカウンターの列を離れ、訳もわからずベンチにバックパックを置き、中を漁り始めた。当然、あるわけがない。見送りに来てくれていた両親や友人たちも、慌てふためいている。みんな散り散りになって、探し回ってくれた。僕も血眼になって、自分が歩いた場所をくまなく探し歩いた。だが、見つからない。遺失物カウンターで何度も聞いてみたが、届いた形跡はなかった。

あ、こりゃ終わったな。いわゆる、「インドに呼ばれなかった」というやつか。ここはキッパリとあきらめよう。

その後、僕は両親と友人たちとともに、セルフサービス型のレストランに入り、トンカツ定食を食べた。湯気を立てる味噌汁が熱すぎて、僕の舌と心を逆撫でしてきたことを覚えている。

慰めてくれるみんなに申し訳がたたなかった。

しかし、人生とは面白いものだ。大事な時にこそ、大きな問題が起きる（いや、それはお前のいつもの特質だ）。これはきっと運命なんだ。「行くな」という指令なんだ。行ったら、何か災いがあったんだ。必死にそう自分に言い聞かせていた。いつかきっと、笑い話になる。今日は、家に帰ろう。

出発時刻は近づいていたが、僕らは食事を終え、最後のダメ押しで、何度か通った遺失物カウンターに寄り、ポーチが届いているか尋ねた。すると、

こちらでしょうか？

と、紛れもない僕のポーチが、カウンターの奥からあっさりと登場する。そこにいた一同の、「え？」という顔。恐る恐る、中身を確認する。全てが揃っている。お金だって1円たりとも抜かれていない。こんなことって、あるんだろうか……。聞くところによると、同じ行列の後ろの方に並んでいた日本人旅行客の家族が拾い、エア・インディアのカウンターに届けてくれていたとのことだった。どなたですか!? せめて、お名前だけでも……！　と思ったが、その家族は名前も告げず、立ち去ったという……（本書を読んで心当たりのある方、ぜひご連絡を。なんでもします）。

ハッと我に帰る。時間は？　まだ搭乗に間に合うのか⁇

時計を見ると、出発予定時刻まであと30分。近くにいたグランドスタッフに事情を説明すると、直接カウンターに連れていってくれ、保安検査のゲートを最短で潜り抜けることができた。スタッフさんに、心から感謝したい。手を振る両親や友人たちの姿が、なんとも尊い。いくらなんでも振り回しすぎだ。本当に、ごめん。そしてありがとう。最愛の人と空港で別れを告げるドラマのヒーローよろしく、出国審査のゲートを通り抜けた。アデュー、僕の愛する世界。

「君は成功者になる人だね」と僕は言われた

僕の人生初の一人での海外渡航は、こうして始まった。飛行機に乗り込んでも、気持ちが落ち着かない。ついさっきまで、家に帰ったら夏休みの有意義な過ごし方について考えよう、などと思っていたのだ。まだ心臓の鼓動がおさまらない。

しかし、この事件がなかったらどうだろうか。一人旅における危機管理意識もなく、漫然と旅に出ていたのではないか。そうしたら、インドでもっと酷い目に遭っていたかもしれない。そう思うと、先の一連の騒動は、なんだか出発を前に思いっきり意識を転換させる、通過儀礼のようにも思えてくる。

窓の外を埋め尽くす白い雲を眺めながらぼーっとすること数時間。不意に僕の頭を一気に切り替える出来事が、目の前に登場した。アルミのトレイに入った、チキンカレー。漏れ出すスパイシーな香り。ココナッツミルクで煮込んだのだろうか、カレーなのに白い。機内食でカレー？　金色に輝くサフランライスと共に、口に含む。なんと芳醇で、豊かな味なんだろう。ついさっき食べたトンカツ定食による膨満感は、とうに消え失せていた。

夢中になって食べている姿を見て、「インドのカレーはうまいだろう？」と話しかけてきたのは、隣の座席に座ったビジネスマンらしきインド人の男性だった。髭をたくわえ、妙にギョロギョロとした目つきをするこの人物は、ビシッとスーツを身にまとい、僕が想像していたインド人のイメージとは少し違った。エリート感がすごい（以降、彼のことはエリート氏と呼ぶことにする）。

不意にエリート氏は、奇妙なことを口走った。

君は、成功者になる人だね。

突然の未来予測に、返す言葉を失う。成功者だって？　すぐにモノをなくすコミュ障のヘタレに、なんてことを言うんだろう。

聞くところによると、彼は代々木のビルでインド紅茶を扱っているビジネスマンで、インドでも名の知れた貿易会社の御曹司だという。彼は暇を見つけては観相学をベースにした占いを行っているのだそうだ。それで、先ほどのセリフが生まれた。それについて、なんだかもっともらしい説明を彼がしてくれたのだが、正直よくわからなかった。しかし僕は、到着までの退屈な時間を、(たどたどしい英語ではあったが)彼とさまざまな話に花を咲かせ、楽しく過ごすことになった。

エリート氏の名前は、ランジート(仮)。パンジャーブ州の出身で、スィク教徒であること。スィク教の総本山はアムリトサルにあり、黄金に輝く寺院であること。インドに住む多くのスィク教徒は生涯髪を切らず、髭も伸ばしたままにしていること。今回は自身の婚姻儀礼のために帰国すること。自分の妻となる女性は、父と叔父が選んでくれたこと。そしてまだその顔すら見たことがないこと……。

エリート氏の口から飛び出す話は、どれも刺激的で新鮮で、僕は飽きもせず聞き入った。僕の「自分壊しの旅」がついに始まった、そう感じた。彼の話は、どれもにわかには腑に落ちない、おとぎ話のように心に響く。これから僕は、こんな不可解でワンダーに満ちた世界に、一人で飛び込もうとしているのだ。武者震いが止まらない。すでに日本での日々が、遠く霞んでいた。

インド人に、囲まれる

空港を降り立つと、湿度と温度の先制パンチをくらい、クラっとする。空港内のエアコンの快適さが、すでに恋しい。日はとうに落ちていた。白いライトに照らされた薄暗い到着出口は、ごった返している。ホテルや親族の迎えの人々、タクシーやバスの客引き、ホテルの勧誘が、ギロギロとした目で舐め回すように、出口から出てくる旅行者を凝視している。

僕は安宿街で有名なニューデリー駅周辺の繁華街（メイン・バーザール）へと向かうつもりで、案内板に沿ってバス停へと向かおうとした矢先、バラバラッと7〜8名のインド人に囲まれた。

どこまで行くんだ!?

タクシー！　タクシー！

いいところを知っている、さっさと来なさい！

おい、邪魔をするな、俺の客だぞ！

大丈夫、安心しなさい！　荷物を渡しなさい！

怒号が飛び交うなか、「違う、僕はバスに乗りたいんだ！」と必死に説明するも、聞く耳を持ってくれない。背中のバックパックを無理やり引き剥がそうとする人々から這々《ほうほう》の体《てい》で逃げ出し、バスがたくさん停留しているバス停らしきところに走り込む。しかし、並んでいるバスの行き先がわからない。ナーガリー文字で書かれたサインボードが読めないのだ。仕方なく、運転席でダラダラしている運転手たちに、片っ端から聞いて回る。

メイン・バーザールへ行くバスか？
ニューデリー・ステーションまで行くか？

しかし、反応が薄い。目も合わせず、ただ首を振る。親指でクッと後ろを指す。後ろのバスに聞いてみろ、ということだろうか。なかにはただニヤニヤしてこちらを観察してくる運転手もいた。なんだこれは。この国は、バスのサービスもろくに整ってないのか!?
後でわかったことだが、空港はデリーの中でも南西のはずれに位置していて、僕が目指すようなオールド・デリーに近い北部の中心地までは1時間以上もかかる。また、空港から直接メイン・バーザールまで届けてくれる経路は、当時は存在しなかった。[3]僕の質問に対して反応がないのは、そういう無知な人間には対応する必要はない、と判断されていたからかもしれない。もしくは、空港から激安の路線バスで移動しようとするような人間は、お迎えのない、もしく

3　今となっては、空港からニューデリー駅まで直行するメトロ（エアロシティ便）が通ったので、ご心配なく。まったく、便利になったものだ……。

はタクシーのお金も払えない、低層の人間として扱われるのだろうか。いやそれにしても、目的地までの経路を教えてくれる人がいてもいいのに、と思う。

しかし、これはあくまでも日本で生まれ育った自分の感覚なのだ。自分の目的となる地を目指す手段・方法を知らないなんて、そもそもおかしいのかもしれない。この国では、自身の行く道くらいは、自力で模索しなければならない。そういうことなのかもしれない。

あたりを見渡すと、遠くに「政府公認タクシーGovernment Authorized Taxi」の看板があることに気がついた。政府公認なら、悪さはしないだろうとそちらに向かうと、先ほど僕を勧誘していたタクシー運転者たちがまたワラワラと集まってくる。ただでさえムワッとした空気が、さらにその濃度を増す。

どこまで行くんだ!?

政府公認なんて嘘だよ、ありゃニセモンだ！

あんなの高くて大変だ。半額で乗せていってやる！

いいホテルを知っているんだ、乗りなさい！

おい、こいつは俺の客だぞ！

頭が混乱する。何が正しいんだ？　政府公認タクシーのカウンターらしきものに行くまでに、どれほどの勧誘を振り切らなければいけないのか。身体から汗が吹き出す。まずは、落ち着いて現状を整理したい。この喧騒から逃げ出したい。僕は踵《きびす》を返し、空港の比較的人がいない方面に向かって走り出した。とにかく、一人になりたかった。

向かった方向は、関係者などの送迎に使用される停車場で、インドに帰国した人々が粛々と迎えの車に乗って、空港を去っていくような場所だ。ここなら静かでいい。僕は空いていたベンチに腰を下ろし、一息ついた。しかし、僕はどうやって空港から抜け出せばいいんだろう？　しばらくすると、僕の座っていたベンチの前に、次々と黒塗りの高級車が並び始める。中からお付きの運転手や、迎えにきた親族たちがゾロゾロ出てきて、突然僕を取り囲むように人の輪ができあがった。な、なんだ？　何が起きたんだ？　と思っていると、空港から揚々と出てきた人物に、歓声があがる。

おかえり、おかえり！

無事だったかい？　疲れてないかい⁉

なんだねえ、痩せてしまって。ちゃんと食べてたのかい？

おそらくそんな会話が一通り続いただろう。突然大勢の人に取り囲まれた恐怖から、僕は顔を上げることもできず、縮こまっていた。しかし、こんなに帰国を歓待される人物はどんな風体をしているのかが知りたくなり、その帰国したであろう人物を探した。すると、なんということだろう。その人は、飛行機で座席が隣だったエリート氏ではないか。

僕がギョッとした顔を向けると、彼も即座にそれに気がつき、おぉー！　コーダイさん！と近づいてきた。

「なんだ、こんなところで何してるんだ？」

「いや……バスもタクシーも乗り方がわからなくて、途方にくれていたんだ」

「そうか、一人旅は初めてだと言っていたもんな。よし、僕が君を送っていってやろう」

「え、いいんですか？　いや、なんか迷惑でしょう？」

「大丈夫、これはみんな僕のファミリーだからさ！」

僕は言われるままに、荷物を渡し、指示された車の助手席に飛び乗った。4〜5台あった車の3台目。乗車した車の後部座席には、エリート氏とその両親らしき人が乗った。荷物を詰め込んだトランクの音がバタン！　として、運転手が乗り込んできたかと思うと、車は急発進した。かくして僕は、喧騒の空港から逃げ出すことに成功した……。

エリート氏の車で冷や汗をかく

車は空港から北上するハイウェイを駆け抜ける。道路に照明はついているが、その間隔が広すぎるからか、周囲は暗く霞んでいるように感じる。あたりは閑散とした荒野が広がっている。窓を開けると、生ぬるい風がビュービューと入り込んできた。「エアコン入れてるから閉めろ」と運転手に注意される。「す、すみません！」。手にはびっしょりと汗をかいていた。

後部座席では、家族の会話が続いていた。おそらく日本での生活や、ビジネスの話をしているのだろう。真剣な話の節々に、父親らしき人の豪快な笑い声が混ざり込む。チラチラと覗くと、父親らしき人は、見事にターバンを頭に巻き付け、豊かな髭をネットのようなものでカバーしている。ああ、これがインドで生活しているスィク教徒の姿なのか。身体も大きく筋肉質で、すごい威圧感だ。

突然、ドン・バン!! と爆音が聞こえ、車が急停車した。ただでさえ緊張していたところに車の衝撃を身体に受け、ヒィィ!! と声をあげてしまった。撃たれたのか？ と、思わず自身の胸をまさぐる。血は、ついていない。いや、そもそもなんで僕がスナイパーに狙われなきゃならないんだ？

頭が混乱している。パンクだろうか？ 事故だろうか？

訳がわからずオタオタとしていると、タイヤの確認をしていた運転手にエリート氏の父から「チャロー！（行け）」と命令が下り、何事もなかったかのように車は発進した。

エリート氏の説明によると、空港などの国の重要施設の周辺には道路には、「ハンプ」と呼ばれる突起が設けられているという。これがあると減速せざるを得ず、逃走犯などの捕獲に役に立つのだそうだ。しかし、なんというアナログな仕組みだろう。それほどまでに逃走犯の多い国なのか……。この運転手は、暗くてそれに気づかず、思いっきりハンプに乗り上げてしまったようだ。それにしても、すごい衝撃だった。動悸がおさまらない。タイヤが無事だったことが、奇跡のように思えてくる。

車はだいぶん南デリーの市街地に近づいてきたようだ。道は街灯やネオンサインに照らされて明るくなり、高層の建造物も増えてきた。ところどころで渋滞に巻き込まれる。車窓には、街路灯に照らされた、道端にタムロする人間や牛、山羊などの姿がうっすらと映し出される。街が霞んで見えるのは、埃のせいか、光化学スモッグのせいか。けたたましいクラクションの嵐にのまれながら、ああ、インドにやってきたのだな、と実感が湧いてくる。人々の営みが、喧騒がつくるカオスが、僕をあっという間に包み込む。

旅で僕は「マイノリティ」になった

動悸がおさまり、ふと気がつくと、車内のムードが険悪になっていた。後部座席では、エリート氏と両親が、何やら言い争いをしている。母親が中心になって感情的な声を上げ、父親がそれをなだめつつ、エリート氏に諭すように何かを伝えている。エリート氏は、必死に何かを弁解しようとしていた。最初はよくある家族喧嘩か何かだと思っていた。しかし、どうやらその喧嘩の原因は、僕という存在であることがわかってきた。彼らが話すパンジャーブ語らしき言葉の節々に、「ジャパーニー（日本人）」という言葉が入り交じっていることに気がついたからだ。もしかしたら、僕というわけのわからない外国人を乗せたことを、お母様が不快に思っているのではないか。なんだか申し訳ない気持ちになってくる。そしてその心配は、的中した。

車が幹線道路の脇に停められ、エリート氏が僕の乗る助手席のドアを開ける。

「コーダイ、本当にすまないと思っている。インドはまだまだ保守的なんだ。本当はウェルカムしなければならないというのに、海外からの入国者は、まだインドでは異質な存在だ。両親はビジネスを経営しているとはいえ、パンジャーブからそれほど出たことのない、田舎者だ。だから、車に外国人を乗せていることを、あまりよく思っていないんだ。もちろん、君が悪いんじゃない。君の「所属（belonging）」が問題になっているんだ。僕は、とても古臭いことだと思うけど、両親の気持ちもわからないではない。そういう世界で、僕も生まれ育ってきたから。

このあたりまで来れば、タクシーもオートリクシャー（三輪の乗合タクシー）も見つかる。ニューデリー駅まで30分ほどだろう。ここからは一人で行ってもらえないだろうか？」

すでに運転手が、トランクから出した僕のバックパックを手に、脇に立っていた。「いや、もう少しじゃないか、乗せてってくれないか?」などと言える雰囲気ではない。僕は、「そうだよね、いや申し訳なかった。もちろん、一人で行けるさ」と返答し、荷物を受けとった。

エリート氏は通り過ぎようとしたオートリクシャーをつかまえ、ニューデリー駅までの道を交渉してくれた。「100ルピーで行ってくれると言っている。さあ乗りなさい!」そういうと、この爆音を出す三輪タクシーは、ババババババッ! とその場を離れた。手を振るエリート氏が遠ざかっていく。ああ、ありがたかったな。でも、悪いことしちゃったな……。

後味が悪い別れとなってしまった。

僕は、この場所では、異物である。

そんなあたりまえのことを、再確認した。僕は「ジャパーニー(日本人)」であり、外国人であり、「異物」で「不可解」な存在。もしかしたら、彼らにとって僕は、「穢《けが》れた」存在でもあるかもしれない。少なくとも、自家用車に乗せてあげたいような存在ではなかった。それを、責めるつもりは毛頭ない(むしろ、よく途中まで乗せてくれたな、と思う)。

僕ら「日本人」も、街中で見かけるさまざまな「ガイジン」に、異質さを見出してきたし、時には差別的な言動を向けてしまうこともある。普通/異質、マジョリティ/マイノリティなどという二分法は、とても相対的なもので、うつろいやすいものだな、と思う。立たされた場によって、人はいかようにもそのポジションを変えていく。

でも、「普通」であり、「マジョリティ」であることは、やはり心地がいい。見知った世界だし、誰かに排除されることがない（と信じられている）。そこに価値を置くのであれば、動かずじっとしていればいい。

僕が受けてきた教育でも、「この範囲で仲良くしなさい、うまくやりくりしなさい」という、流動性を排した枠がつくられていた。「クラスみんなで」という同質性と一体性が基本原理だ。誰も排除してはいけない、全員マジョリティ空間（であることが前提となっている、実は極めて排他的な空間でもあった）。固定された世界での、上手なやりくり。その技術だったら、僕はお手のものだ。求められる姿を滑稽に演じていれば、人気者になれた。でもその代償として、僕は、自分の表現を失った。生身の人間として、他者との深い接触を避けることを学んでしまったからだ。

「旅」や「フィールド＝野」の世界では、きっと自身がマイノリティであり、異物となってみるということが、最も重要なんだろうな、と今では思う。マジョリティの世界で塗り固めた自身の鎧が、旅先ではほとんど機能しないことには、すぐに気がつく。いつだって排除される可能性に満ちた世界だから、鎧で身を固める。それに飽き足らず、他者がまとっている鎧をも身につけようと躍起になる。そして、自身がまとっていた鎧の輪郭や重さが浮き彫りになるにつれ、息苦しさとともにその脆弱性に気がつく。

自分が一度「異物」になると、この鎧や価値観という名の鎖が、世界とぶつかり合い、混ざり合い、「僕」という存在の周囲を旋回し始める。そして、ゆらぎ始める。それはとても不安定で、怖くて、でも知的興奮があふれる、刺激的な状況だ。自身が「異物」になるということは、こういう世界に身を晒し、留まり続けるということだ。

しかし、こんな気づきを得るのは、もっと後のことだ。少し先走ってしまったようだ。時を戻そう。

第2章「何者かになる」ってどういうこと？

メイン・バーザールにもぐり込む

その後僕は、お決まりのコースを辿って、なんとかホテルの一室を得ることになった。お決まりのコースとは、

①到着した途端に、オートリクシャーの運転手の態度が豹変し、倍の値段を請求される
②払う、払わないで揉めていると、大勢のインド人に取り囲まれる
③おまけに警察までやってきて群衆が蹴散らされる
④最初に契約した値段（100ルピー）を運転手の胸ポケットにねじ込んでその場を逃げる
⑤道々ホテルの客引きの強引な勧誘に辟易とする
⑥途方に暮れていると、優しいツーリストが導いてくれ、なんとかホテルにチェックイン

という流れだ。このあたりの話は、数々のインドの旅行記で繰り返し語られてきたことなので、詳しくは述べない。しかし、こうしたことの重なりが全般として重圧となり、小さな不信感と不安感と恐怖心が煽られ、ストレスに変換されていく。

夜もふけ、ニューデリー駅からまっすぐ延びるメイン・バーザールにもぐり込み、覆い被さるように林立する古臭いホテル群と人と光の波に圧倒され、何一つ装飾のない汚れた白壁に囲まれた安宿の一室に逃げ込んだ時には、ドッと疲れが押し寄せてきた。湿気のひどいベッドに倒れ込むように身体を横たえ、そのまま眠りについてしまった。

目が覚めると、電気を消し忘れたために蛍光灯が煌々と照らす白壁の空間に自分がいることに、全く現実味を感じられなかった。見知らぬ天井。ここはどこだっけ？　そして今、何時なんだろう？　部屋には窓がなく、外界との接点は、縁がボロボロになったドアから吹き込む隙間風だけだ。ドアを開けると、外はすでに明るかったが、どうやらまだ早朝らしく、閑散とした中庭でボーイたちが簡易ベッドを並べて寝ている様子がみてとれる。

とりあえず僕は、この窓のない無機質な空間に居続けることはできない、と判断した。閉所恐怖症なのだ。

早々に身支度をすると荷物を背負い、階段を降りた先にあるフロントでチェックアウトの手続きをした（ホテルのオーナーがすぐに起きてくれて助かった）。夜遅くにやってきて早朝に飛び出していくこの客を不審に思ったのか、単に眠かっただけだったのか、フロントの男性はただ

「サインしろ」と宿泊帳簿を突き出すだけで、目も合わせてくれなかった。

ホテルを出ると、早朝のメイン・バーザールは、すでに活気を帯びていた。道に散乱するゴミをひたすらかき集めている貧しそうな人々。そこでかき集められたゴミに群がる牛や野良犬たち。ガラガラ!! とすごい音を立てて、次から次へと道に面したシャッターが開けられていく。すでに活動を始めていたホテルの勧誘たちを振り払いながら、何軒かホテルを巡った。5軒目に訪れた、道に面した大きな窓を誇示する、少し高めのホテルに決めた。部屋は4階で、大通りを上から見下ろすことのできる出窓がついており、壁に設えられた物書きができそうな小さなデスクもありがたく、全体的に小綺麗な空間だった。ボーイの対応が柔らかかったのも、決め手の一つだ。相変わらず内装はそっけないものだったが、壁に据えつけられた額縁には、頭に壺を乗せて水を運ぶ女性の絵（印刷）が収められており、せめてもの慰みとなった。

部屋が決まると、肩の荷がおりる。とりあえず、落ち着けるプライベート空間を手に入れたのだ。大きく伸びをし、ベッドに横たわる。

寝ぼけ眼のメイン・バーザール。あと少しすれば道は喧騒に包まれる。

そして僕は、この部屋で引きこもりになった。

着いた翌日に引きこもる

出たくない。部屋が快適なこともある。ルームサービスで、朝食から夕食まで電話一つで（シンプルだが）美味しいインド・カレーとチャーイ（ミルクティー）が届く。しかし、それ以上に、窓の外に広がる喧騒の世界に飛び出す勇気が、なかなか持てなかった。このホテルを一歩出ると、勧誘や物乞いたちがとめどもなく近寄ってくるし、肌の黒さと対照的にギラギラと白く光る人々の目が、僕を注視してくる。疲れるし、怖い。

歴史的建造物を見ようとか、風光明媚な場で自然を堪能しようとか、お土産を買おうとか、そのような具体的な目的は、この旅にはない。インド世界とじっくり、自分のペースで交わっていけばいい。そう決めていたので、「今日は（も）少しのんびりしよう」が止まらない。ホテルに据え付けられたテレビで、100チャンネル以上もある衛星放送をボーっとみたり、窓の外をひたすら眺めたり、持参した小説を読み耽ったりしているうちに、3日も経ってしまった。

――もみくちゃにされて、自分を壊してきなさい。

脳裏に浮かぶこの言葉に、胸がチクリと痛む。先生、異世界で、異質な存在として、もみくちゃにされるのって、とても怖いことなんですね……。

多動が売りな僕でも、身がすくんで動けなくなることがあるんだ。これは大きな発見だった。東京で暮らしていた時は、家に1日居続けると気分が鬱々としてきて、外の空気が吸いたくなったものだ。僕はもう、この部屋の空気を3日も吸い続けているのに、いまだに外に出ようとする気が起きない。頭の中では、雲のように浮かんでは消えていく思念や、さまざまな正負の記憶がずっと旋回している。僕はどうして生きているんだろう。今まで自分はどうやって生きてきたんだろう。今後、どうなっていくんだろう。僕はいったい何者になるんだろう。

ふと気がつくと、また日が落ち始めていた。店の軒下を彩る裸電球が、少しずつ灯り始める。暗くなるにつれて、ストリートにはますます活気が増していく。外国人ツーリスト、デリーの生活者、客引き、物乞い、行商人、マリファナ売り、牛、野良犬、タクシー、バイク、自転車、荷物を運ぶ大八車《リヤカー》などが、ひっきりなしに道を埋め、交差し、渋滞し、クラクションの洪水を生み出している。この道に蠢《うごめ》いている人々は、どんな思いでいるんだろう。何を考え、何を求めて日々を過ごしているんだろう。

「未来」ではなく「今」を生きる人

一人の青年に目が止まる。毎日夕方になると現れる、懐中電灯（トーチ）を売る行商人だ。年齢はもうすぐ10代が終わろうとしている頃だろうか。カーキのズボンに、えんじ色のチェックのシャツ。髪はきっちり七三に分け、軒下の電飾で頭髪に塗ったオイルが光っている。通り過ぎる車やバイクと接触するのを上手に避けながら、道ゆく人々に手にした懐中電灯をアピールして歩いている。

「懐中電灯（トーチ）」と書いたが、ポケットやカバンにサッと入るような、そんな生やさしいものではない。ゴツいし、デカいのだ。全長30センチは下らない。先端からはかなり照度の高いビームのような白色のライトが発せられるが、ボタンひとつで光の色は真っ赤になる。先端から煌々とほとばしる赤い光は、道ゆく人々を不気味に照らしていた。この赤い光は、別のボタンを押すと、今度はチカチカと点滅する。何だこりゃ。どんな場面で使うんだ？　と、最初見た時には訝しく思ったものだ。まるで車のハザードランプのようだ。重いのだろう、肩からかけるためのベルトまでついている。側面には、プラスチックカバーの中に直管の蛍光灯が埋め込まれており、光らせると広範にわたるエリアを照らし出すことができた。キャンプなんかに便利だな、などと考えつつも、こんなゴツくて重そうな電灯機器を、道端で買う人などいるのだろうか？　と思っていた。案の定、ずっと彼（以降、彼をトーチマンと呼ぶ）を眺め続けていても、購入する人を見かけることはなかった。

おい、トーチマン。そんな仕事で、若々しくエネルギーにあふれた青春時代を費やしてしまって、いいのかい？　売るにしても、もっと魅力的なものはあるだろう？　毎日毎日そのイカツい重そうな電灯を抱えて、つらくないかい？　何か夢があって、その実現のために苦労を買って出ているのかい……？　彼の姿を見るにつけ、なんだか心が苦しくなってくる。何か僕にできることはないだろうか。あのトーチを、買ってやろうか。

しかし、僕は気づいてしまった。三色の光をチカチカと切り替えながら、道ゆく人に電灯をアピールする彼の表情が、あまりにも堂々として、誇らしげなことに。

どうだ、この電灯。見せてやるよ。こんなすごい機能がついているんだ。君たちにはまだこの価値がわからないかい？　買ってみたら、人生が変わるよ。そうか、やはりわかってもらえないか。残念だな。この電灯は、モノの価値がわかる人にしか売らないのさ。値段？　そうさな、安くはないよ。だってこれ、すごいんだから。君の将来だって明るく照らしちゃうんだぜ。〇〇ルピーだ。そうか、高すぎて買わないのか。いや、まけないよ。買わないのかい？　君は今日、大きな損をしたな。人生のラッキーチャンスを逃したんだ。気が変わったら、また声をかけてくれ。夕方になったら、僕はいつもこのあたりにいるから。また来てくれたら、少しくらいまけてやらないこともないさ。

まるで、そんなことを言っているかのように見えてしまったのだ（妄想）。少なくとも、トーチマンの表情には、悲壮感や卑屈感の「ヒ」の字もない。背筋を伸ばし、客の顔一つ一つをしっかりと直視し、愛想笑いを浮かべることもなく、真剣に電灯の良さを伝えようとしている。断られても、動じない。その態度に僕は、彼の仕事に対する誇りを、否が応でも認めざるを得なかった。さっきまでトーチマンに勝手に同情していた僕は、自分が恥ずかしくて仕方がなくなった。人の命を、人の仕事を、一方的に見下げて、かわいそうな境遇だなんて思う資格が、お前にあるのか？　お前はお前の生を、誇りを持って生きているのか？

トーチマンはそもそも、何者かになろうとなんてしていないのではないか。与えられた環境と仕事の中で、精一杯生きようとしているだけではないのか。そもそも生きることと仕事をすることは、そんなに明確に分離できるものなのだろうか。「将来のため」「何者かになるため」。そんな不確実な未来のために自分を差し出すのではなく、電灯を売る「今」がこそが「生」の現場であることを、彼は本能的に知っているのではないか。そう思えてならなかった。

これらは全て、ホテルに閉じこもっていた僕の想像の世界である。しかし僕は、連日トーチマンの姿を追い続けることで、そのような妄想に取り憑かれていった。と同時に、これまで自分が囚われていた世界の、あまりの狭窄具合に、気がついてしまったのだ。「何者かになる」って、いったいなんだ？

引きこもり4日目の夕方。僕は財布だけを手に、トーチマンに会いにホテルを出た。彼の売るゴツい電灯が欲しくなってしまったのと、どうしても彼と話してみたくなったからだ。


「それ、いくらだい？」

「1000ルピーだ」

「結構高いんだな。まけられるかい？」

「800ルピーまでだったらできる」

「そうか、それでお願いする。結構いいもの売ってるんだな」

「ああ、どんな場面でも使えるよ。停電だって怖いことはない。ただ、電池は食う。おまけで単一電池を二つつけてあげるよ」

「助かるよ。えっと……、君はどんな生活をしているんだい？」

「病気で寝たきりの母の看病ばかりしている。グラフィックデザインの学校も行ってたんだが、やめて今は電灯売りさ。でも、これも悪くない。この道はあまりにも違った人だらけで、通行人を見ているだけで飽きないんだ」

「これからは、どうするんだい？」

「しばらくはこんな感じ。Aal Izz Well（All is well）さ」


彼との会話は、鳴り響くクラクションであっという間にかき消されてしまった。彼の最後の言い回し（All is Well＝全てよし！）が、大ヒットインド映画『きっと、うまくいく』のキーワードとして世界的に有名になるのは、15年ほど後のことだ。このセリフは、同じ意味のヒンディー語「Sab Theek Hai（サブ・ティーク・ヘー）」とともに、その後のインド滞在中、しつこく何度も聞くことになる。しかし、この時にお初にお目にかかったこのパワーワードに、僕はすっかりやられてしまった。なんという現状への肯定感！　なんという達観！　なんという破壊力！

フィールドワークへの第一歩

しもん-しゅつゆう【四門出遊】

釈迦《しゃか》が出家する前、まだ太子のとき、王城の東西南北の四つの門から郊外に出掛け、それぞれの門の外で、老人・病人・死者・修行者に出会い、その苦しみを目のあたりにして、人生に対する目を開き、出家を決意したという伝説。また、そのときに、それぞれの苦しみを実際に見て、世を厭《いと》う心が生まれたともいわれる。

『新明解四字熟語辞典』（三省堂）

人生は苦しみに満ちているという、徹底したペシミズム（悲観主義）を思考のスタートラインとした釈迦（ゴータマ・シッダールタ）を生んだ、インド。真の幸せのため、この世への生まれ変わりの輪を絶ち、解脱《げだつ》を図り、しっかりと現世との縁を切ることを目的とした仏教思想。この発想と比肩しうる最強の世界認識の方法が、軽々と電灯売りの口から漏れ出した。All is Well。老いようが、病に伏せようが、抗うことのできない死への道が刻々と迫っていようが、「全部ひっくるめて、最&高だぜ！」と言ってのける力強さ。

ああ、いったい僕は何を悩んでいたのだろう。ホテルに閉じこもり、僕は自身の来し方を採点しながら、あれがダメだった、これが失敗だった、こんな自分が情けない……と自己否定ばかりしていたのだ。そして、決して把握することのできない不確実な未来に対して不安ばかり感じていたのだ。なんと浅はかなことだろう。トーチマン、頼む、弟子入りさせてくれ。自分と世界を肯定する、その確固たる鋼のような精神の一端でも、学ばせてくれよ。

僕は、何かを得たような気になって、おそるおそるメイン・ストリートを歩き始めた。もちろん、強引な客引きや物乞いがいなくなるわけでもなく、ギロギロと光る視線を突き刺してくる人々も相変わらずいる。渋滞はひどく、歩くのも危険だ。しかしそこは、店先に湯気の立つ鍋を並べて次から次へと手際よく客に料理を振る舞う安食堂《ダーバー》や、極彩色の布を床にバサバサと豪快に広げ続けるサーリー（インドの民族衣装）の店や、むせかえるような香りの洪水を撒き散らしているパーフューム（香水・オイル）の店、ツーリストの手足に複雑な模様を次々と染み込ませていくヘナ・タトゥーの露天商など、あまりにも刺激的で魅惑的な存在の数々が押し寄せてくる、躍動感にあふれた場でもあった。

世界は、僕ら自身の認識のあり方を少し変えるだけで、恐怖と不安に満ちた世界から、魅力あふれたワクワクする世界へと簡単に変貌するんだ。なんだって早く気がつかなかったんだろう。僕の中の恐怖心が、少しずつ薄れていく。

この瞬間から、僕の「フィールドワーク」はようやく始まった、と考えている。

人類学は他者とともに歩む哲学的思弁であると言った人がいるが、それを可能にするための手段こそ、フィールドワークなのだ。具体の世界と抽象の世界をつなぐには、まずは徹底的に歩き、現場から立ち上がってくる違和感の渦に飲み込まれながら、他者の存在を全身で感じ取ることが、まずもって重要となる。

ただ、それはかなりの勇気がいることだ。新たな他者との出会いは、不快感や被傷性（傷つきやすさ）をはらんだ、決して穏便な世界ではないからだ。だから僕は、引きこもった。

しかし僕は、トーチマンに語りかけた時から、インドという巨大な他者とともに歩む方途を、少しずつ、だが本格的に、模索するようになっていった。彼を見続けるなかで、好奇心が恐怖心を凌駕する瞬間があったのだ。それが、自身が世界に開かれていった、小さな一歩につなが

そう、ストリートには笑顔だって溢れているのだ！

った。

トーチマン、ありがとう。一瞬の出会いだったけど、僕は君から多くのことを学んだよ。

この出来事は、自己を駆動していた思考や認識の軸がゆさぶられ（つまり「ゆらぎ」が生まれ）、他者の認識のあり方を自分の中に混ぜ込みながら、世界の認識を拡張させていくような営みへの、スタートラインとなった。本書はこの先もしばらく、僕に押し寄せてきた「ゆらぎ」の経験の数々を軸に、物語が展開していくだろう。しかしそれは、決して素敵な成長物語ではあり得ない。あくまでもヘタレ人類学者（当時はその卵）が、ヘタレたままでありながら、悩み、もがきながら、Aal Izz Wellの境地へと這うように進んでいこうとするような、なんとも情けない珍道中となるだろう。

第3章　「孤独」に突き動かされる日々

「もう帰りたい」

旅を始めて1ヶ月が経とうとしていた。

その都度の感覚だけを頼りに、やみくもに旅の進路を選択し、着いた街でウロウロと歩き回り、現地の人々と交流する。僕の旅の目的は「ぶっ壊れること」だから、文化遺産などの名所旧跡や風光明媚な観光地などは眼中にない。名作『深夜特急』を気取って、ローカルバスを駆使しつつ、ダラダラと終わりの見えない旅を続けていたのである。デリーを出た後は、インド北西部のエリア（ラージャスターン州〜グジャラート州あたり）での彷徨《ほうこう》をしばらく続けていた。

もう帰りたい。

ずっとそう思いながら旅をしていた。意気揚々とデリーを飛び出したのはよかったが、徐々に僕はインド世界の持つ独特の圧迫感に疲れていた。何度か体調を崩してもいたし、何より基本的な生活のインフラが整備されていない日々を送ることに、辟易としていた。お湯は出ない、すぐに断水する、すぐに停電する、ベッドの湿気がひどい、エアコンなど気の利いた温度調節ができる家電もない。シャワーを浴びたいからお湯をなんとかしてくれ！　と頼むと、バケツ一杯の熱湯を渡されることもしばしば。道を歩けば、徘徊する牛のツノ攻撃と、奴らが散らかした足元の糞に、細心の注意を払わなければならなかった（何度も失敗）。乱暴な運転の車やバイクや自転車たちとの接触も怖い（道路は無法地帯）。クラクションが寝ている間も襲ってくる（ノイズ地獄）。

自分が日本で、いかに快適な生活を送っていたのか、身にしみてわかる。蛇口をひねれば冷水や温水がジャージャー流れ出す国。快適な室温で暮らせる国。交通機関が定時に、正確に、安全に運行されている国。お腹にやさしい、油分や塩味や刺激の少ない料理が何処でも食べられる国……。あたりまえだと思っていたもののありがたみが、嫌というほどわかる。

しかし、そんなことよりも何よりも、目下《もっか》の問題は、耐えられない孤独感だった。

気さくなインドの人々は、初めて会った時から「オー！　フレンド‼」と寄ってくるし、二度目に会ったら、もうそれは親友に近い何かに昇格している。肩を組みながら（時には男同士でも手を繋ぎながら）街歩きだってできる。この気やすさと身体接触の執拗さは、本当にすごい。

そして、絶えることのない質問攻撃が繰り広げられる（英語の発音のクセが強すぎて、当初英語を話しているとわからなかった）。そう、とめどもなく。

当時のフィールドノートにメモしていたものを引用しよう。

インド人がしてくるあからさまな質問　ベスト10

①どこから来た？　ジャパーニー（日本人）か？

②日本のどこから来た？（だいたい返答は「オオー！　トキオー！」[4]）

③日本で働いているのか？　父親は何をしている人か？（母親のことはあまり聞かれない）

④（学生だと答えると）何を勉強している？

⑤ガールフレンドはいるのか？　結婚しているのか？

⑥名前はなんという？（聞いたって仕方がないのに、必ず聞かれる）

⑦（旅に関して）どこに行く？　どこから来た？　何日インドにいる？　いつ帰る？　一人旅か？　なぜ一人なんだ？　友達はいないのか？（大きなお世話だ）

⑧インドは好きか？（一番困る質問。素直に好きって言えたらなぁ）

⑨どこのホテルに泊まっている？（答えたところで大体知らない）

⑩（身の回りのものについて）この指輪、どこで買った？　カメラ持ってる？　この腕時計貸してくれる？　君のメガネかけていい？　そのボールペンくれる？（そして、全ての値段を事細かに聞かれる。これ、確実）

番外編

1 お前、ネパール人か？
2 君、男かい、女かい？
3 インド人の彼女欲しい？
4 日本のルピー見せてくれ！
5 チンポー!! How long？（誰が教えたんだよ）
6 ガチョーン！（……）

でも、そんな陽気な彼らとどんなにつるんでいても、僕の孤独感が埋められることはなかった。僕は、どんなに彼らと仲良さそうに話し込んでも、異質な存在であり続けた。その僕の抱える異質さを、なんとか埋め合わせようと、彼らも必死だったんだろう。自分が属する世界の枠組みのなかで、日本からフラフラやって来た奇妙な若者の存在をいかに同定することができるか。その試みが、マシンガンのように降りかかる質問攻撃につながっていたのだと思う。しかしそれは、僕を同定した上で仲良くしようとする試みというより、異質な他者に対する彼ら

4 Tokyo はトキオと発音される。ちなみに筆者は千葉県生まれ千葉県育ち。この当時も千葉県在住だったが、出身を聞かれるたびに面倒で、トキオと答えていたのだった。大学が東京だったので。許して。

自身の不安を取り除こうとするような行為だったのかもしれない。だから、いつまでたっても心の距離は埋まらないのだ（身体的な距離だけは、あっという間に埋まる）。

とはいっても、見るもの、接する人々、食べるもの、全てが刺激的であることには間違いない。僕の認識のはるかナナメ上で、この世界は躍動感を持ってグルグルと旋回し、手が届きそうで届かない。好奇心の裏で、僕はそんな消化不良感と膨満感と失望感に苛まれていた。

歩き方を変えただけで騙されなくなった！

だが、僕なりにこの世界から学び取ったことがいくつかあった。

それはまず、僕の「歩き方」から生まれた気づき。うつむき加減で歩幅を小さくし、辺りをキョロキョロ物色しながら歩く。すると、最も会いたくないタイプの、腹黒い下心のある人々を引きつけることになる。旅人の身体技法が、「カモ」であるかないかの最大の判断材料になっているかのようだ。旅が始まった当初は、本当によく騙されたし、ボラれた。なんで僕ばかり狙われるんだろう？　というのが、悩みの一つだった。

その後しばらく僕は、イスラエルからやってきた旅人たちを観察しながら、なぜ彼らには腹黒い奴らが寄ってこないのか、秘訣を探ろうと試みた。そして、その秘密のヴェールが剝がされた瞬間があった。歩き方が違うのだ！　胸を張って、少しガニ股風に大きく歩幅をとる。首はキョロキョロ動かさず、進行方向に固定し、ときおりゆっくりとあたりを見渡す。これだ！と思って取り入れてみると……なんということでしょう！　腹黒い連中との接触が激減したではありませんか！

この小さな気づきは、後にとても興味深い問題意識として膨らんでいった。インドにおいては、他者を理解しようとする初期段階において、表面的な情報や「記号」がとてつもなく大きな意味を持つ。つまり初見でわかるさまざまなサインが、重要な意味を持っているのだ。

もちろん、日本社会でも外見が語るものは大きい。しかし、日本においては「他者を外見で簡単に判断してはいけない」という不文律のようなものが存在していて、じっくりと交わらなければ、他者の「人となり」は理解できないのだという感覚を、僕はいつの間にか身につけていた。

ところがインドでは、自らの存在（所属や差異）を提示するための記号に溢れていた。例えば、経済的に豊かかどうかは体格や衣服、装飾で、どの宗教や集団（カースト）に属すのかは衣装やアクセサリー、肌の色や体毛（頭髪や髭）で、未婚／既婚の別は指輪やシンドゥール[5]、ビンディー[6]や腕輪（チューリー、バングル）で、といった具合に。あからさまな表現だ。その他、挨拶の仕方から選択する語彙に至るまで、（宗教、出身地域、社会階層がすぐにわかる）差異を表

5　既婚女性が頭髪の分け目に沿って塗る朱色の化粧品。
6　既婚かつ夫が存命中のヒンドゥー教徒の女性がつける額の印。近年は美しい装飾が施されたシールを貼ることが多い。

す記号が、言動のそこら中にちりばめられている世界だ。名前を聞くだけでも同様に性別、宗教、所属集団、出身地、社会階層がわかってしまう（だから名前を聞くのが癖になってるのか！）。もう、プライベートな情報がダダ漏れ。

そんななかで、（特に旅慣れない）日本人に割り当てられた記号が、まさに僕の格好や歩く姿に典型的に表れていたのだろう。一人でウロウロし（彼らにとって日本人と差異化の難しい韓国からの旅人は、集団行動が基本）、キョロキョロし、首からカメラをぶら下げていたら、もう完璧。

しかし、この日本人的記号の束は、観光地でしか通用しない。少し田舎町に行くと、僕の異質性はさらに際立つ。だから、僕に対する同定作業（質問責め）が延々と続くのだろう。

土足で踏み込んでくる人たち

そう考えると、インドの社会は、「自／他の差異を明確にするスキルに長けた、異質性によって駆動する世界」といえそうだ。「俺とお前は、違う人間だよな」が前提。これだけ社会を分断する記号に溢れているんだから。でも、分断されているから、お互いに簡単にわかり合えない（他者理解は容易ではない）ことも前提となる。そのため、うまく距離を調整したり、差異をわかりやすく表示したり、「わからないからわかろう」と努める姿勢が生まれる。つまり、差異化して分断したのちに、互いの理解と、つながるための回路を形成していく社会。[7] 質問責めの裏にある構造が、少し見えてきた。

ひるがえって、日本はどんな社会だろう。「僕らって、みんな同じだよな」という同質性が出発点になっているように思える。他者との異質性はできる限りおさえ、輪からはずれることを嫌う。自分の意思を強く表明することも苦手だ（教室での学生の授業態度を見てみよ！）。

一方で、ファッションや、方言や、髪型や、カバンにぶら下げたマスコットなどの些細な記号で、僕らは小さな差異の表明をし合っている。全く一緒は、嫌なのだ。でもやっぱり「同質な我ら日本人」であることを前提としているから、無理に表現しなくても、伝わる（と考えている）。他者を質問責めにするなんて、もってのほか。プライベートに踏み込むには、相当な時間を必要とする。パーソナル・スペースも広い。「空気を読む」は、「同質な私たちだから、わかるよね？」という暗黙のプレッシャーによって成り立っている。

荒っぽくまとめると、インド社会の関係原理を「差異の徹底的な顕示と異質性への対応・体系化」とするならば、日本社会は「同質性・単一性への傾倒と、それを前提とした個別の瑣末な差異化の力学」が駆動する社会だといえないだろうか。

日本社会の場合、この条件を支えている一つの大きな特色が存する。それはいうまでもなく、社会の「単一性」である。現在、世界で一つの国（すなわち「社会」）として、これほど強

7 時にこうした差異化や分断の力学が、「差別」や「排除」といった暴力につながる危険性もあることは触れておかなければならない。日本では「分断」はあってはならないこととされているが、それはこうした負の側面から生まれた感覚だろう。

い単一性をもっている例は、ちょっとないのではないかと思われる。

とにかく、現在の学問の水準でさかのぼれる限り、日本列島は圧倒的多数の同一民族によって占められ、基本的な文化を共有してきたことが明白である。日本列島だけをみれば、よくいわれるように、関東・関西、また東北・西南日本などという設定をはじめ、その他、地域差というものがクローズ・アップされるが、この地域差にもまして、全国的な共通性は驚くほど強い。実際、他の国との比較においてこれをみると、日本における地域差といわれるものは、同質社会のなかの相対的差の問題にしかすぎず、むしろ共通性のほうが重要なウエイトをもっていることがわかるのである。

中根千枝『タテ社会の人間関係』（講談社現代新書、1967）

人類学者・中根千枝は、日本は、「共通性」にウエイトを置いた、「単一性」を特徴とする国である、という。昔からあるこうしたシンプルな日本文化論を、単純に引き受ける危険性があることはよくわかっている。でも、当時の僕は、僕の中に存在していた、どうしようもない同質的「空気」への信仰を、嫌というほど味わっていた。僕は旅をしながら、「いや、そこは気を遣えよ」とか、「わかってくれよ」とか、「空気を読めよ」などとブツブツつぶやきながら（陰キャ感）、他者に暗黙の理解を求め続けていたのである。そりゃ苦しいわな。

そして、その理解してほしいという願いは、ついに叶うことはなかった。プライバシーという言葉は易々と無視され、彼らは土足で僕の内部領域にズカズカと踏み込んできた。身体接触をともなって。

ここでは、明確な差異と意思の表明こそが、第一条件。嫌なら嫌、と言える強さが必要とされるのだ。そして僕はそれができずにいた。外部からの「攻撃」に、僕という殻を守るのに必死で、どっぷりと疲れきっていたのだ。このプロセスが、僕の埋まることのない孤独感をよりこじらせていった。繋がりたいけど、踏み込まれるのは嫌だ。心地よい距離感で繋がっていく、それが君らにはできないのかい？

そして僕はついに、放っておいてくれ！　と彼らを拒絶し始め、心を閉ざしていった。

「祈り」を押し売りするバラモン

僕が心を閉ざすに至った過程には、もう一つ大きな事件があった。それは、「自らを高貴なもの、聖なるものと位置づけようと躍起になる人間が、最も危険だ」という確信を得るに至った事件だ。

前述の通り、インドが明確な差異や分断を、社会関係をつむぎ出す原動力とする世界ならば、僕自身もそうした感覚を身につけてやろう、と思い始めた矢先だった。他者の異質さを認め、リスペクトしてみよう、と。僕自身も、少し自らの存在をアピールしてみよう、と。

そんなときに僕の前に現れたのは、それぞれ別の場所とタイミングで出会うことになった、二人の聖職者（バラモン）だった。彼らとの出会いが、僕の拒絶感にますます拍車をかけることになった。

実は「バラモン（ブラーマン）」と言っても、千差万別。多様な集団に細分化されていて、一括りにできない存在だ。でも当時は、そんなことも知らなかった。「バラモン＝聖職者」という記号性にとらわれ、彼らは社会的なステータスを保持し、聖なる存在で、知的で、宗教的慈愛に満ちた人々だと思っていた。だから、僕は「自分はバラモンだ」と表明して近づいてくる人には誰にでも、リスペクトをもって接することにしていた。これが、間違いだった。

インド有数の巡礼地としてその名を轟かす、ラージャスターン州の中央に位置するプシュカルの地。長距離バスは相変わらず、街のはずれのバス・ステーションに到着する。重い荷物を背負ってバスを降り、まずは場内にあるチャーイ屋で一息ついた。焦って動くと、ロクでもないやつに引っかかることを、僕は身をもってわかり始めていた。

プシュカルは聖地らしく、見渡す限り煌びやかなヒンドゥー寺院に囲まれ、それぞれの寺院のスピーカーからは讃美歌《バジャン》や説法の声が鳴り響き、神々しいのか騒々しいのかわからない音《サウンド》の景観《スケープ》を作り上げていた。ベンチに座ってチャーイを飲む僕のところに、怪しい客引きたちが次々と声をかけてきたが、全て断り、場が落ち着くのを待つ。

しばらくすると、額に赤い印《ティーカ》をつけた、白髭の老人が近寄ってきた。彼は、自らがこの街でもトップクラスの聖職者であることを告げ、「あなたをこの街に歓迎する」と言った（彼のことを「バラモン1号」と名づけよう)。なんという幸運だろう。僕はこのヒンドゥー教屈指の聖地で、高僧から温かく迎え入れられたのだ！

「まずは、あなたの祝福をしよう」と言って、彼はゆっくりと歩き始めた。ついてこい、という意思表示だと捉え、僕は彼の後を追った。プシュカルの街並みは美しい。色とりどりの日用品や、聖地らしい宗教的なグッズを並べる小さな店がひしめき合うバーザール（市場）を抜ける。石を投げれば寺院に当たると思われるほど、大小さまざまな寺院建築と神像が次々と現れる。迷路のような小道の先には、陽の光に照らされた湖がチラチラと輝いているのが見える。ああ、この街に来てよかった。そう思った。

聖地プシュカルの水辺は、いつもキラキラ輝いている。

バラモン1号は、その一つの小道を抜け、湖のほとりへと歩を進めた。沐浴用の階段《ガート》から、湖の中に突き出している桟橋を渡り、その先端に座った。遠くから祈りの鐘の音が響いている。風が気持ちいい。彼は、肩からぶら下げていた袋をまさぐり、カラカラに乾いたココナッツの殻を取り出し、地面に叩きつけて割った。その後に、お決まりの質問なのだろう、僕の親族関係について根掘り葉掘り聞き始めた。束ねた線香に火をつけ、7回グルグルと回すと、その先端からこぼれ落ちる灰を薬指で掬い取り、僕の額につけた。粉々になったココナッツの破片を一つ一つ手に取っては、湖に放り投げる所作が続く。

そこまではよかった。美しい湖の真ん中で繰り広げられる、僕の祝福儀礼。

ところが、儀礼を終えたバラモン1号は、突然表情をこわばらせ、祈禱料の支払いを求めてきた。全部で1500ルピーだという。なんという法外な……！　これまで寺院やイスラームの聖廟《せいびょう》でドネーションを求められることはあったが、だいたい10ルピーか20ルピー札を差し出すと、喜んでくれていた。[8] それが、1500ルピーだと!?

バラモン1号は続ける。

「これはお前だけに対する祈禱ではない。父母、兄弟、父方・母方の両親や叔父叔母、お前の友人や同僚など、お前を取り巻く全ての人々に対する祈禱だ。だから、ココナッツを丸々一個費やした。一人あたり100ルピーで、全員で1500ルピー。私はこの街で最も位の高い聖職者だから、そのくらいはあたりまえだろう。君は幸運だ。お前と、お前を中心につながる周りのみんなが、揃いも揃って、幸せになれる。だから、1500ルピーは、決して高い値段ではない」

先ほどまでの、ゆったりとした静寂と崇高な時間は終わりを告げ、彼はビジネスライクに値段の説明を続けた。そうやって彼は、生計を立ててきたのだろう。今から思うと、高名なバラモンというのは寺院付きで、個人レベルでの営業活動なんてしないはずだ。もしかすると、彼はバラモンですらなかったかもしれない。バラモンの皮を被った悪徳観光ビジネスの人。真偽はわからないが、僕は「高名なバラモン」という言葉に、コロッと飲み込まれてしまったのだ。そもそも自分で「高名だ」なんて自称するか？

お金を請求し続ける彼。僕は、「祈り／祈られる」の関係は、双方が納得しつつ、幸せな感情に包まれるべきではないか、と感じた。頼んでもいない、親族や友人たちの祝福まで勝手にやってのけ、飄々とお金を請求する彼の一方的なやり方には、納得がいかない。だんだん腹が立ってきた。

僕は立ち上がり、僕の分の100ルピーだけを地面にそっと置いて、その場を後にした。背後からは、大声で僕を罵るような、ガナり声が響いている。なんということだ。せっかくの高揚した気分が、台無しだ……。僕の親族や友人たち、祝福してやれなくて、ごめん。みんなに悪いことが起きなければいいけど……。

8　ここで登場する値段設定は、あくまでも90年代半ばのもので、現在には適用できないので、ご注意を。ドネーションでも100〜500ルピーくらいが相場になったかもしれない。それにしても、1500ルピーは現在でも高い。当時だったら、五つ星の高級ホテルに宿泊できるくらいの値段だ。

インドで本気で呪われる

バラモン2号が現れたのは、ラージャスターン州の地方都市の一つであるジョードプルの、とあるレストランだった。夕刻になり、僕は市街地の中央にそびえ立つメヘラーンガル城を歩き回った疲れから、少し値段の張る城下のレストランで、ライムソーダを飲みながら一息ついていた。一人で食事をとる孤独感には、少しずつ慣れてきた。ジューシーなカリフラワーのパコーラー（揚げ物）をつまみながらの、搾りたてのライムソーダは格別だ。[9]

そんな時だ。妙ににこやかに声をかけてきたのが、隣の席でターリー（インドの定食）を右手で器用に食べていたバラモン2号だ。髪はアフロヘアー。表情は柔らかいが、眼光が強い。「どこからきたんだい？」などという、ありふれた2、3の質問が落ち着いた頃、彼は一緒に食事を取ろうと、テーブルを寄せてきた。悪い気はしなかったし、インドの人々と接することが今回の旅の目的だ。僕は、トーチマンとの出会い以降、相手がよっぽど下心や悪意が丸出しでなければ、話しかけてくる人を拒むことはほぼ無くなっていた。

彼は言う。自分は、インド国内でも名の知れたバラモンで（これに注意！）、世界中にいくつものアーシュラム（道場）を持っている、と。すごい！　グローバル・バラモンだ。

インドのスピリチュアリズムの世界的な受容は、ビートルズの活躍した60年代から急激に広がり、当時すでにインドの聖職者たちがグローバルなネットワークを形成していることを、僕は知識として知っていた。そんな机上の情報が今、具体的な人物として現れたのだ。僕は瞬く間に興味をそそられ、いろいろと聞いてみたいことが溢れてきた。しかし彼は、僕の好奇心丸出しの表情を見てとってか、その後マシンガンのように、一方的に語り始めた。

「自分はアメリカのメディアでも取り上げられるほどの有名人だ。世界中に15のアーシュラムを経営していて、どこでも弟子になりたいと言う人に溢れている。私のスピリチュアルなパワーを見たら、誰だって私にひれ伏すだろう。ある時は、多くの人の前で車を持ち上げたことだってある。それは、筋力を使ったものではない。チャクラからふき出すエネルギーをうまくコントロールするのだ。私はシャクティ（性的能力）に溢れた人間であり、世界中の女性たちは私の力を感じ、たちまち虜になってしまう。私はその中で最も美しい女性を妻としたのだ。彼女はミス・ニュージーランドにも選出され（以下略）」

僕のなかで、急激に彼に対する興味が失われていくのがわかった。彼の口から溢れ出てくる言葉は、いかに自分が偉大な人物か、霊力に優れているか、多くの人に崇拝されているかなど

9　当時はまだ未成年だった。今だったらインド産のビール「キングフィッシャー」で一杯やっていることだろう。炭酸は強めだが、苦味が少なくスッキリとした喉越し。ぜひお試しいただきたい。インド滞在中の楽しみの一つとなるだろう。

の、自慢話ばかりなのだ。僕は、「君はそんなにすごい人物と話しているのだぞ。ありがたく思いなさい」と、ずっと言われているような気がして、なんとなく幻滅してしまった。次第に嫌悪感まで湧き起こってくる始末。

彼は、自慢話をまくし立てる一方、僕の話には耳も傾けない。自己顕示こそが、彼の話しかけてきた理由だったのだ。もしかしたら、ここで信者の一人でも獲得してやろうという魂胆からの、営業トークだったのかもしれない。それにしても、こんな俗っぽい自慢話にコロリとやられ、弟子入りしていく信者たちというのは、どのような人たちなのだろう。そんな疑問が頭をチラつくが、それより僕は彼の話を聞き続けていることにホトホト疲れ、早くホテルに帰って眠りにつきたい気持ちでいっぱいだった。そんな気持ちからか、僕は彼の言葉を遮《さえぎ》って、次のように発言してしまった。

「あなたが素晴らしい人だというのはわかった。でも、さっきからあなたの話は、表面的な名声やパワーのことばかりじゃないか。その自慢話は全く僕には響かないんだ。あなたの心の美しさが伝わってこない。あなたは自分の話しかしないし、あんまり楽しい会話ではないので、僕はそろそろホテルに戻ろうと思う」

この言葉を聞くと、バラモン2号はみるみるうちに顔を赤らめ、額に青筋を立て、口角泡を飛ばして怒りを露わにし始めた。

「世界の真理を知りもしない子ども（チャイルド）よ。お前に何がわかる！　表面的な力だと？　ふざけるな！　真理は常に私の味方なのだ。お前ごとき小さな存在に、神の真意を感じ取れるはずなどない。さっさと帰り、汚いホテルででも眠るがいい！」

僕は席を立つと、彼の剣幕を恐れる気持ちをはるかに凌駕する怒りの気持ちで、

「僕はあなたの自慢話を散々聞いた。とても不愉快な時間だった。だからここの支払いは、世界に富をもつあなたが払ってください」

と言って、震えながらその場を去った。その背中に向けて、バラモン2号は怒りにまかせて吐き捨てた。

「いいか、チャイルド。お前が私に発した侮辱的な言葉は、私は一生忘れることがないだろう。これから私は、世界中のありとあらゆる不幸や苦しみを集め、お前にのしかかるように祈るつもりだ。わかったか、チャイルド！　せいぜいみすぼらしい残りの人生を楽しむことだ」

そして僕は、世界中の不幸と苦しみを背負った、呪われた人間になった。

日本人とだけつるむヘタレインド旅行者になる

僕は結局、追いかけてきたレストランのスタッフにお金を払い、ホテルに帰った。部屋に入っても怒りで震えが止まらず、冷たい水シャワーを1時間浴び続けた。あえて意識が朦朧《もうろう》とするように、ダバダバと水をかけて頭を冷やし、ふらふらになってベッドに横たわった。

それにしても、祝福したり、呪ったり、忙しい国だ。僕をどうしたいんだよ。こんな世間知らずのヘタレに、全世界の呪いを集めるって。そんなパワーがあるんだったら、もっとやることがいっぱいあるでしょうよ。どれだけの人が救えるんだよ。それに相手がチャイルドだと思うなら、優しく諭してほしいもんだ。

でも……もし彼にそんな力があるのだったら、僕の残りの人生はどうなってしまうんだろう。もう二度と、僕は平穏に暮らせないのだろうか。僕に関わる人々にも、この呪いが伝播したらどうしよう。頭はぐるぐる回り、未来への不安や恐怖に苛まれ、僕はまんじりともしない一夜をシーツにくるまりながら過ごした。

曇った光が、部屋の窓から広がり始める。朝だ。でも、思考が止まらない。

バラモン1号2号は、彼らが主張するような力を、どこで得たのだろう。それは（修行などの）個人の努力の賜物なのだろうか。それとも神からのギフトなのだろうか。もしそうなら、それはバラモンだから？　特定の集団にのみ力を与える神って、どうなんだろう？　えこひいきじゃないか。それに、全てのバラモンがそのような力を保持しているとは、やっぱり思えない。温和で、理知的で、慈愛に溢れた人々もたくさんいるはずだ（実際にたくさんいるんです！）。きっと、1号2号のような人々は、社会を階級によって分断する「差異の力」が、最も危険な形で現れた存在なのではないか。「私は君たちとは違う」が、間違った全能感と肥大化した自意識を生み出し、誇示・顕示の心性と他者への蔑みの感情を、同時にもたらした。そう考えられないだろうか。

そもそもインド社会は、「差異を明確化し、意識的につながろうとする」ことを特徴とするのではなかったか。だからこそ、行為の行き違いや、迷惑のかけ合い、意見のすれ違いや人生選択のそれぞれの岐路が、許容され、交差し、交感し、有機的に結びついて社会の躍動感をもたらしてきた。この「差異」が明確で、かつ許容されてきたからこそ、「全てよし（Aal Izz Well）」の発想がインド社会の通奏低音として力を発してきたのではなかったか。僕は、そんな世界が見たかったのだ。だから、自他に巻き起こる異質性を、わからないなりに許容したかった。必死になって彼らの質問攻撃に対応していた。僕は、開こうとしていたのだ。そして、大いに傷つくことになった。

こんなことがあって、僕はすっかり周囲の人間を拒絶し始めた。挙げ句の果て、日本からのツーリストを探しては、共に過ごすようになっていった。そもそも僕は、この旅を始めるにあたって、「インドでは絶対に日本人とつるまない。なぜなら、僕は他者との出会いと自分壊しを目的とするからだ」などという、体のいい目標を掲げていた。ダイヤモンド社の『地球の歩き方　インド編』を持ち歩いていたのも、その本に掲載されている観光地、レストラン、ホテルが、日本人の溜まり場であることを知っていたし、そこを「避ける」ためだった。

しかし僕は、このバラモン事件以来、そのような溜まり場を求めて、ウロウロと歩き回っては、日本人バックパッカーと出会い、語り合い、馴れ合い、時には旅程を同じくしながら、安らかに旅を続けることになった。自分の心に固く誓ったことすら、あっさりと投げ出してしまう、そんなヘタレな自分を責め続けながら……。

第4章　黄金の街で出会った青年

砂と生きる民

見渡すかぎり、黄土色。街の色彩も、その縁から無限に広がるように見える沙漠の大地の色彩も同系色の広がりをみせ、市街地（文明）と沙漠エリア（自然）の境界線が曖昧にぼやけている。街を飲み込もうとする砂の侵食（風化）と、新たな建造物で街を拡張させようとする人間の営為が、ゆるやかな攻防の歴史と混ざり合いの物語を紡いできた。街を構成する膨大な数の建物群が、全てその周辺の大地で産出される黄砂岩《イエロー・サンドストーン》を建材として造られているから、この街で人間は、砂と岩との共生をはからざるを得ない。このインドの地方都市が紡いできた物語を、自然と人間の「攻防」と捉えるか、「共生」と捉えるかで、この街の歩き方や感じ方が大きく変わってくるだろう。

街の名前は、ジャイサルメール。またの名を、ゴールデン・シティ（黄金の街）という。黄砂岩に含まれる微細な雲母片が、太陽の斜光（夕日）に照らされて反射すると、街全体がぼんやりと光る、という。「まさにゴールドだろう？」と、街の人々は誇らしげに言う。いや、そこまでは輝いてはいないぞ？　と思う反面、この単色のひなびた光景は、中世の街並みがそのまま保存されているかのようで、「異世界」感がすごい。

ジャイサルメールは、インドの北西部に広がるタール沙漠のヘソにあたる。沙漠自体はインドのラージャスターン州と、隣国パキスタンのスィンド州にまたがって広がっている。まるで、沙漠を吹き荒ぶ風と砂には国境など無関係だぜ、といっているかのように、風の強い街だ。

城下町からジャイサルメール城を望む。2013年にはUNESCO世界遺産にも認定された城砦だ。

この街に僕がたどり着いたのは、旅が始まって2ヶ月ほどが経とうとしていた頃だった。アラビア海に突き出したカティヤーワール半島をぐるっと回り、西部インドの大都市の一つアフマダーバードにしばらく滞在してから北上。レイク・シティの名で知られる、美しい湖の街ウダイプルを経由して、北西の端に位置するジャイサルメールに流れ着いた。

ここで、この旅は終わりにしよう。

そう考えて、パキスタン国境近くの「端っこ」まで足を延ばした。インド的な作法がわかってきて、旅の仕方は随分と上達してきたが、相変わらず僕は抜け出すことのできない不信感と孤独感を抱えたままで、「ああ、早く帰りたい」とため息ばかりついていた。しかし僕は、この街で1ヶ月にわたる長期の滞在をすることになる。そのきっかけとなる話をしよう。

人生に区切りをつけたいインド旅行者たち

ここに来るまで、日本からの旅人には随分出会った。バックパッカー・ブームだった90年代らしく、一人でインドを徘徊する日本人は、どの街でも出会うことができた（今はそのような人はすっかり影を潜めている）。

面白いことに、出会うのは29歳の男性が多かった。不思議に思ってそのワケを聞いてみると、多くの人が、30歳になる前に人生の転機を望み、これまで歩んできた道を断つかのような気持ちで、インドにやってきたという。

当時19歳だった僕にとって、30歳というのはまだまだ先のことだったけれど、その頃になれば僕も彼らと同様に一度人生をリセットし、新たな旅立ちをしたいと思うようになるんだろうか。しかし、帰国後の夢を語る彼らの目には、少しだけ希望の光が見え隠れしていた。

帰ったら、地元で最初のインド料理店を開店するんだ。
帰ったら、柔道整復師の資格を取って、マッサージ店を開くんだ。
帰ったら、ロードバイクを買って、日本一周するんだ。
帰ったら……。

出会った29歳たちは、あたりまえのように高校に行って、大学に行って、就職して、という人生を過ごしてきた方々ばかりだ。その「あたりまえ」から逃れるように、日本を飛び出し、インドでモミクチャにされ、新たな人生を始める。カオスを経由しての、再生。人生に節目を。これまでの生き方と訣別を。彼らにとって、インドの旅は、まるで就職や成人式に並ぶ人生儀礼のようだ。そう考えると、僕は彼らと地続きになれた。僕だって、インドで自分を「ぶっ壊し」、これまでの自分に「さよなら」してから、自分の足で歩いていく人になりたいと願っていたからだ。でも、本当にそんなことが、叶うのだろうか。すっかり怪しくなってきた。

ちなみにインドでは、上位階層の人間（男性のみ）は「再生族（ドゥビジャ）」と呼ばれ、10代前後で二度目の誕生日（入門式）を祝う。日本の元服に似ている。29歳というのは随分と遅い入門式だけど、人生はいろんな形で節目（死と再生）を繰り返し、さまざまな世界に入門し続けるものであることは、人類学が教えてくれた。[10] 日本ではこの死と再生の儀礼がインドのように制度化されていない分、僕らは自分たちでこの新たな分断＝切れ目を設計しなければならない。それはとてもエネルギーのいることだし、不安もいっぱいだろう。だから、「帰ったら……」と夢を語る彼らに接しながら、僕はとても羨ましく感じた。僕はちゃんと生まれ変われるのだろうか。この「端っこ」の地にアリバイ的にやってきて、さっさと帰途につこうとしている僕には、いつまで経っても「新たな再生」という希望の光は掴み取れそうにないと感じていた。

「知」に「血」を通わせる遊戯

もう9月の半ばだというのに、暑さはさらに増しているかのようだ。[11]いや、暑いというより、痛い。乾燥した空気と、肌に刺さるような直射日光。砂交じりの熱風。この街が元気なのは午前中と夕方。日中はうだるような暑さのなか、街の人々も活動を減退させ、日陰をみつけだしては、横になったりしている。僕も午前中は、市街地の迷路のように入り組んだ路地裏の徘徊を大いに楽しんでいたが、日が高くなるにつれて動きが取れなくなり、街の中央にそびえ立つ

10　人類学ではこうした人生の節目における儀礼のことを、通過儀礼と呼ぶ。この儀礼では、個人が比喩的に死と再生を遂げる「擬死再生」のモチーフがしばしば使用される。これは世界各地の諸民族の大部分にみられ、社会的地位や位置が変動したり、集団から別の集団へと移行する際に顕著な特徴だ。もっと詳しく知りたい人は、アーノルド・ファン・ヘネップ著、綾部恒雄・綾部裕子訳の古典『通過儀礼』（岩波文庫、2012（1909））、を読むといいかもしれない。

11　インドの雨季は6～10月。雨季は比較的湿度が高く、本来は乾季に比べて暑さは和らぐ。

城を見上げる城門前のルーフトップ・レストラン（要は屋上にある食堂）でライムソーダを飲みながら、「早く沈んでくれ！」と太陽に心から願い、ぐだぐだと無為な時間を過ごすのが日課となっていた。

レストランを切り盛りしているのは、だいぶん年のいった父と、大学を中退したという若者の親子。この二人は、隙をみては政治談義（討論？ 喧嘩？）をしている。インドの独立の立役者であり、その後民主主義国家を支えてきた「インド国民会議派」を支持する父親と、80年代以降に急激に勢力を増してきたヒンドゥー右派の「インド人民党」を推す息子。尽きることのない二人の議論は、まるで党首討論のようで、このガラ空きのレストランでは、いつも国会が開かれているようだ。当時、僕がこの街でほぼ唯一心を許していたインド人が、この親子だった。ひとまず、このレストランを「ガバメント」と名づけよう。

ガバメントの料理は、最高に、不味《まず》い（料理とはいえない）。だから、いつも店内は閑散としている。チョウメン（インド風焼きそば）は油ぎっていて胸焼けするし、マサラドーサ[12]やサモーサー[13]は、中の具（ジャガイモなどのスパイス料理）が異常にしょっぱく辛いので、舌が痺れて食欲も失せる。僕はたいてい、他の店で簡易な定食（ターリー）を頬張ってから、この店でライムソーダを飲むことにしていた。自分でライムを絞って炭酸で割るスタイルなので、失敗することはない。

ルーフトップから見下ろすと、眼下の城門広場で人々が右往左往する様子を観察できるし、そんななかから日本人ツーリストを探し出して声をかけることだってできる。そして僕はこのガバメントを、旅をする日本人たちの束の間の社交場に仕立て上げていった。しかし一方で、いつも政治討論に熱くなっているこの親子が、どんどん好きになっていった。いい意味で客に気を遣わない。ほったらかし。たまに、彼らの熱い論議の矛先が僕の方に向いてきたりして、それもなかなか刺激的なのだ。

折しもインドとパキスタン両国の関係が悪化し、核開発が急激に進められていた時だった。彼らの熱弁が、さらにヒートアップする。

親父「国際的な世論を無視すること自体が、ナンセンスだと言っているんだ。この国が孤立してもいいのか？　今の世の中、核武装なんて時代遅れだと思わないのか？」

息子「時代遅れはどっちだよ。核開発が直接戦争に結びつくなんて、誰も考えてなんていないさ。核は平和利用だってできるし、そもそも戦争にならないように抑止力となることが大切なんだよ」

12　ジャガイモなどのスパイス料理をクレープで包んだ軽食。南インド発祥ではあるが、北インドでも広くスナック感覚で食べられている。

13　こちらもジャガイモなどのスパイス料理を小麦粉でできた生地で三角錐の形に包み、油で揚げた軽食。北インドの定番スナック。

親父　「そんなものを見せびらかして、ガキ大将気取りか？　政治ってものはなあ、同じ大地に立って語り合いながら進めるものだ。そう、対話が必要なんだ。今のインドが置かれている状況を、しっかりと説明すればわかってもらえるはずだ。だから外交政策にもっと力を入れたほうがいい。この国は、あまりにも八方美人すぎる。国際的なパワーバランスを見極めながら、柔軟に世界と渡り合う。時にはしっかりと大国に加担する。それが政治家の仕事だろう？」

息子　「違うんだな。話し合いで解決できたら、警察はいらないさ。対話だって？　国連が機能しているって言いたいのかい？　あんなもの、なんの抑止力にもならない。僕らの国だろう？　僕らが自衛しなければ、どうなっていくんだよ。この国の科学技術を生かした、新しい戦略が必要なんだ。核開発はその一つだ」

親父　「お前は平和利用とかいうがな、人類にとってあんな危険なものはないんだ。チェルノブイリを知ってるだろう？　いま核実験をタール沙漠でやる計画が進んでいるが、この街に住めなくなってもいいのか？　核実験は、神に背く人間の業（カルマ）が生み出した所業だ。我々の生命を危機に陥れるものだ。世界はそれを知っている。だから核開発を進めるインドを批判するのだ」

息子　「批判されるのは、インドが核兵器を持つことで国際的なパワーバランスが崩れるからだろう？　ＮＰＴ（核不拡散条約）自体が、ものすごい不平等に作られたものなんだよ。インドがこれから国際的な場で活躍できるようになるためには、既存の世界のバランスを崩さなければいけないんだ。外交だって？　この国は最初から『第三世界』『低開発国』[14]だって、馬鹿にされてるじゃないか！　おい、コーダイ。お前はどう思うんだ？」

息子「（うひゃー、飛んできた！）あ、いや。僕はだね、世界で唯一の核兵器の被爆国としてだね。とうてい核開発に賛成とは言え……」

僕「ほら、始まった。ヒロシーマ・ナガサーキだろ？　そんなの小学生の頃から散々聞かされたよ。そりゃ大変だったかもしれないけど、歴史の話だろ？　僕は、今の話をしてるんだ」

息子「う〜ん。日本では『核』と聞くだけで、国民はアレルギー反応を起こすからなあ。ダメなものはダメ、という感じで、あまり議論が深まっていないような……」

僕「それは良くない。ダメならダメで、なぜダメなのかを熟慮しなければならん」

親父「それを思考停止って言うんだ。ずっと後ろを向いて歩いてはいけないだろう？」

息子「そうだなあ、僕はオヤジさんに意見が近いのかなあ。外交で解決できるなら、そんないいことはない、というか……」

僕「外交だって？　日本に外交の力なんてあるのかい？　あるわけないさ。あと、言っ

14　2020年代の今では、インドは人口世界一の経済大国（IT大国）として語られるようになったが、当時（90年代末）はまだこのようなイメージが一般的だった。

ておくけど、アメリカの傘下にいるということは、君たちは核を保有しているのとおんなじだよ？ （核開発を進める）僕らを責められるのかい？ 他国に舵取りをまかせて、自分たちで自分たちの国の未来も考えられないなんて、悲しいじゃないか。そのままでいいって言うのかい？」

僕　「う〜ん……」

息子　「僕らの国は、パキスタンだってアフガニスタンだって中国だって、国境を接している。そしていつも安全を脅かされている。自分たちで自分たちの身を守る必要があるんだ。だから、世界中の人間が批判したって、僕らには僕らの論理がある。自分で決めるってことが大切なんだ。それが本当の自治《スワラージ》ってことだろ？ 君たちは、自分で自分たちの社会の未来を、ちゃんと決めているのか？」

僕　「う〜ん……」

怒涛の論理バトルに、完全敗退。英語ペラペラの高学歴インド人のディベート能力を侮ってはならない。彼らを前に、僕はぐうの音も出ないのだ。僕はいったい、大学生になるまで、何を学んできたんだろう？ 僕が勉強してきたことって、僕自身が社会の未来を考え、決断していくことに、どれほどの力を与えてくれたのだろう？ 僕は随分と本を読んだし、成績もそこそこよかった。でも、そこで蓄積された知識たちは、僕と世界をつなぐ価値観とは乖離した情報として、やみくもに溜め込まれていただけだったのかもしれない。「知」に「血」が通っていないのだ。

ヒマつぶしの論理バトル

このような「議論をふっかけられ→答えられなくなる」という状況は、これまでのインド滞在のなかでも、何度かあった。こうした吹っかけ議論は、少なくないインド人の間で日常的にみられるものだった。

例えば、片田舎のバス停でバスを待っていた時、そこに居合わせた初対面同士であろう若者たちが、新聞を片手に議論を始めたことがある。初めは政界のスキャンダルに関する些細な意見交換のように見えたが、だんだん話がエスカレートしていった。ついには、彼らは大声を張り上げて、政治家の持つべき資質について論理バトルを繰り広げ出したのだ。しかし、バスが遠くからやってくるのを見ると、二人はピタッと議論をやめて、そそくさと荷物を背負いだした。僕はその状況が不思議でならず、二人に問いかけてみた。なんでそんなにすぐ議論に熱くなるの？　と。すると二人は、ニヤニヤしながら口々に「ヒマつぶし(Time Pass)！」と言い、バスに乗りこんでいった。

インドで見かけた多くの「議論のふっかけあい」や「政治討論」は、彼らにとってヒマつぶしなのだ。論理と論理をぶつかり合わせる、言葉と思考によるゲーム。それが、いろんなところで繰り広げられる。寝台列車の椅子で、バス停のベンチで、道端のチャーイ屋で、レストランで。知らないもの同士が、持論や感覚、認識の違いをぶつけ合い、楽しむ。カードやボードやコマがなくても、どこでもできる知的遊戯。僕は、小さい頃から駄菓子屋のアーケードゲームやファミコンには慣れ親しんでいたが、言語を戦わせる思考ゲームには不慣れだった。ヒマが生まれれば議論ばかりしてきた人々に太刀打ちできるはずもない。[15]

そういえば、あの長尺のインド大衆映画の数々も、クライマックスシーンをやたら冗長な「世の真理（真の愛だの、真の正義だの、真のヒーローだの）」をめぐる演説や議論で埋めることが多いな、と気づく。娯楽映画よろしく、それまでドンパチやっていたのに、最後はすごく説教臭くなる。そうか、あのクライマックスの演説や議論も、インド大衆にとっては「娯楽」の延長線上なのか！[16]

かたや、僕も含めた日本からの旅人たちは、インドで出会って共に過ごすなかで、なにを語り合っていただろう。当時のフィールドノートを見てみる。

日本人と盛り上がる会話のネタ　トップ5

① **貧乏旅行のハナシ**：いかに安く旅をしているのか、どれくらい値段交渉でディスカウントさせたのか、所持金はあとわずか、とか。好きよね、こーいうハナシ。

② **お得な観光情報**：あの街が良かった、あの景色が良かった、どこのホテルが良かった、どこの食堂が美味しかったなど。これはとても助かるけど、大体『地球の歩き方』に載って

いるやつだったりする。

③**病気のハナシ**：やれ骨折しただの、赤痢になっただの、ジンマシンがおさまらないだの、何キロ痩せただの。病気をすることがステータスみたいなものになってる。辛かった思い出を共有したいのかな？

④**日本に関するハナシ**：ある人は日本での生活を非難し、ある人は日本の文化の素晴らしさを語る。共通の話題だから、日本に関することはずっとしゃべれる。それぞれの出身地自慢も。でもこれ、インドでやることなのかなあ。

⑤**インドに対する愚痴**：これが一番多い！　インドであった不快な出来事。喧嘩したり、ボラれたり、ホテルがヒドすぎたり。みんな嫌な思いをしている。シェアすることで、なんだか安心する。自分だけじゃないって思える。

15　インドの方々の議論を見ていると、差異の構造を楽しむためのエンターテインメントなんだろうな、と思えてくる。日本で流行りの「論破」のように、他者を排斥し、自身の正当性を誇示するような議論の仕方とは、だいぶん違う。勝ち負けというより、価値観をめぐって互いのズレが浮き彫りになっていく瞬間を楽しむ知的遊戯のようだ。

16　ノーベル経済学賞を受賞したアマルティア・セン著、佐藤宏・粟屋利江訳『議論好きのインド人：対話と異端の歴史が紡ぐ多文化世界』（明石書店、2008）を読むと、なぜインドの人々がこれほどまでに議論を好むのか、その歴史的背景が描かれていて面白い。その文化的・宗教的・政治的多様性ゆえに「異端」「異質性」を前提とした対話の歴史が、合意形成への執念と批判的思考を生み出し、「公共的理性」を構築してきた、というお話。興味のある方は、ぜひ。

番外編

怪談：やっぱり熱帯夜は怖いハナシに限る？

恋バナ：安定の修学旅行ノリ。

エロネタ：旅中はみんなモンモンとするよね。

日本でヤクザやってました：ある意味、怪談よりコワい。

こうしてみると、（僕も含めて）つるんでいた旅人たちは、何かを共有したがっていた。あるあるネタで盛り上がり、「自分だけじゃないんだ」と安心しあっていた。そして、インドに来てまでしなくてもいいと思われるような、たわいも無い話で時間を潰していた。これらの話は、思索が深まるわけでもなく、新しい気づきを得られるようなものではなかった。僕らは、旅の疲れを癒し、孤独感を癒し、自分の旅がそうズレたものではないということを知って、安心したかったのではないか。

政治的意識や社会意識が低い、と言いたいわけではない。きっと旅をするなかで、多くの気づきや感動や思索の深まりを感じてはいるのだろう。面白い発想や、奇妙なものへの興味は溢れてくるはずだ。

でも僕らは、個別に感じた世界の面白さを表現するよう、共通の話題で盛り上がることを選択していた。この異質性が支配する場所で、同質性を求めていたのだ。傷を舐めあい、癒しあっていた。そして、貧乏自慢や病気自慢をすることで、慎ましやかにマウントを取りあって、小さな差異化を図っていたのだ。[17]

やっぱり、このままじゃダメだよね。

僕はもう一度、差異と異質性の支配する世界へ、踏み出そうと考え始めていた。

リベラルアーツの根源は無為な日々にある

僕はガバメントで日が傾くのを待ち、夕刻近くなると、いくつも城門をくぐって急な坂道を登り、城内の外れにある大砲台に向かう日々を続けていた。ジャイサルメールの中心でその存在感を遺憾なく発揮している城砦《じょうさい》には、多くの大砲台が遺構として残されていて、僕はその中の一つをお気に入りにしていた。眼下に広がる旧市街の街並みが夕日に暮れる、その光と影がゆるやかに移り変わる時間を静かに楽しむことができる、格好の場所だ。デリーのホテルといいガバメントといい大砲台といい、僕は高所恐怖症でありながら、街やストリートを高いとこ

17　こうした傾向は、いわゆる「観光地」に集まる日本人には当てはまるが、田舎町やマイナーなスポットなど、ツーリストルートを外れた地で出会う方々は、なんだか重いものを背負った、沈思黙考型のバックパッカーが多いイメージだ。当然だが、インドを旅する日本人も、多様だ。

ろからぼーっと見下ろす緩やかな時間の流れが好きだった。

僕がインドに来てから学んだことの一つは、ぼーっとする「ヒマ」の時間が、最も人の思索と発想を豊かにするということだ。僕は、日本では「無益」「無為」とされていた「ヒマ」をインドで謳歌し、その時間の大切さを骨身に染みて感じていた。ガバメントの親子もそうだ。ヒマがあるから、答えのない議論を繰り返し、論理と意思がつくられていく。僕の旅も、ヒマが生み出す発想だけが頼りだったし、それによって突き動かされていた。

大砲台から城下町を見下ろす。ヘタレと煙は高いところがお好き。

暇を埋めることこそ一日をていねいに生きること、と現代人は思い込んでいるが、実は暇こそ一日をていねいに生きることであるという逆説の中に、我々が見落としてきた真実が隠されている。

米田彰男『寅さんとイエス』（筑摩選書、2012）

そういえば大学で、著名な英文学者の授業を受けていた時にも、教授は似たようなことを言っていた。リベラルアーツ（人間の総合的にして基礎的な理解に向けた探究教育）の根源は、「ダラダラすること」である、と。世界の不可思議な現象や複雑な事件をあっさりと解決してしまう

「探偵モノ」の成立の歴史を見てみると、いわゆる「識者＝世界の真実を見通せる者」は、みんなダラダラと無為な日々を過ごしていることが条件となっている、という。デュパン[18]だってホームズだって、明智小五郎だって、みんなヒマで無為な日々を心から愛する人々だ。そんなことを思い出しながら、僕はインドでのダラダラな日々を正当化しつつ、でも、これもアリだな、と感じながら過ごしていた。

トライブの青年、パーブーとの出会い

そんなジャイサルメールでの日々が1週間くらい続いた頃だろうか。いつものように大砲台によじ登ると、誰もいないはずのこの場所の端っこで、うずくまっている人間がいた。ギョッとして、恐る恐る近づく。どうやら肩を震わせて泣いているようだ。その人物も、僕の接近に気がついて、ギョッと顔を上げた。僕と同い年くらいの青年だ。聡明な顔立ち。真っ白なクルターを着て、この地のカラフルで伝統的な靴を履いている。長いこと泣いていたのだろうか、目は充血し、腫れぼったくなっている。

18　エドガー・アラン・ポーの作品に登場する世界初の名探偵と言われる、オーギュスト・デュパンのこと。日中は部屋を真っ暗にして読書と瞑想に耽り、夜になると当てもなくパリの街を徘徊する、かなりの変人ぶり。デュパンの世界をのぞいて見たい人は、『モルグ街の殺人』でどうぞ。

邪魔したかな。この場を立ち去ろうとも思ったが、インドの青年がこんなに悲しそうに泣いているシーンに出会ったことは初めてだった。僕は好奇心から声をかけた。「どうしたんだい？」すると、彼は流暢な英語で、時々声を詰まらせながら、話しはじめた。

僕は、この先の裏道の家を間借りして、小さな旅行代理店を営んでいる。まだ始めたばかりだが、周囲の人間や、城内の同業者に、ひどい仕打ちを受けているんだ。『詐欺師の店』という紙を貼られたり、夜歩いていて後ろから殴られたり、せっかくつくった看板を壊されたり。家主は法外に家賃をつり上げてくる。半年頑張ってみたけど、もう無理かもしれない。城に住む人間が皆、敵に思えてくる。僕はもうやっていけないかもしれない……。

彼は怒涛の如く日々の辛さを語り出した。どうやら、同業者間のショバ争いが問題になっているようだ。しかしそこには、インド社会特有の事情が絡んでいるようだ。

僕は、トライブ（少数民族）なんだ。いや、不可触民（ダリト）ではない。先住民（アーディバーシー）とも呼ばれてる。これまでカーストの連中に、あからさまに差別されてきた。でもこんなひどいとは思わなかった。あんまりだ。僕には12人もの家族がいる。長男なんだ。父は肺炎を患って動けなくなってしまった。下のキョウダイたちはまだ小さく、働ける年じゃない。母は、毎日沙漠を徘徊して、グッガルの樹脂[19]を集めている。でもそれだけじゃ全然足りなくて、僕がなんとかしなきゃいけなくて、こうやって小さなオフィスを始めたんだ。でも、もうダメかもしれない。僕には無理だ……。

インドに「トライブ」と呼ばれる社会集団が存在していたことは、実はこの時は全く知らなかった。インドには「ジャーティ」と呼ばれる小さな集団がたくさんあって、それが相互に結びついて「カースト社会」を構成しているということは、本の知識として知っていた[20]。その

19　グッガルはこの地に生息する棘のある低木の一種（Commiphora wightii）で、その樹脂はアーユルヴェーダなどインドの伝統医療で薬物として重宝されている。関節炎や脂質異常症に効くとされ、高額で取引されているが、末端の生産・採集者にはわずかな賃金しか払われていない。

20　「カースト社会」とは、日本で教えられているような身分制度とは少し違う。あのバラモン、クシャトリヤ、ヴァイシャ、シュードラと続く四階層と、その枠外の不可触民を表す、ピラミッド型のあれ。これはインドでは「ヴァルナ制（四姓制度）」と呼ばれている。この制度は、社会モデル、つまり理念型として上位階層が主張してきた傾向があり、（特にマジョリティである中間階層に関しては）実際に社会制度として明確に機能してきたものとは言えない。インドにおいて「カースト」という時は、職業別に分割された内婚制を特徴とする小集団（ジャーティ）同士がつながり合うことでできる、有機的な相互関係を結ぶ社会のことを指す。日本で教えられているヴァルナ制とは、少し位相の異なるものだ。日本では江戸時代の士農工商のイメージに引っ張られる形で、カースト制もそれと似た固定化された身分制度として扱われることが多い。カースト制に関する日本の教育は、インド理解を歪めてしまう危険性もあるのだ。

　近年では、大枠にヴァルナ制の社会的機能を認めつつ、それがジャーティ集団と結びついたものとして捉える「ヴァルナ＝ジャーティ制」と表現されることもある。より詳しく知りたい人は、小谷汪之著『不可触民とカースト制度の歴史』（明石書店、1996）がおすすめ。

カースト社会で、不可触民（ダリット）として社会的に差別されている人々がいるということも。それとはまた別に、独自の歴史的過程を経て、カースト社会に取り込まれていないような特有の文化を保持した民族集団、「トライブ」の存在。受験勉強では絶対に出てこない知識だ。フィールドに立ってみると、世界は知らないことだらけだ。

この街、ジャイサルメールの城砦には、他県の城砦とは違って、多くの人々が生活をしている。城下町ではなく、城内町とでもいえようか。彼の話によると、場内に住む人々は、バラモン（聖職者）と、この城を作った王族の末裔である、ラージプートと呼ばれる人々の親族たちだそうだ。そんな中に異物のように入り込んでしまった、トライブの青年。城内のナワバリ争いとともに、異質なものに対する排除の力が、具体的な暴力となって彼に降りかかっている。そんな状況がわかってきた。

そんな話をしていると、5～6名の住人たちがバラバラと大砲台に登ってきて、彼のことを指差しながらヒソヒソと話を始めた。ツーリスト（僕）と一緒にいることがわかり、話しかけることができないのだろうか。この青年は、スッと立ち上がり、僕に挨拶することもなくその場を立ち去った。あっという間の出来事だった。

僕はその後、今聞いた話や、起きた出来事をうまく言葉にできず、再び静寂を取り戻した大砲台で、ひたすら思考を反芻させていた。

トライブ……貧困……差別……。

目の当たりにしたことのない社会の闇に、頭がクラクラする。

後にわかったことだが、トライブの伝統的な職能は、王族であり戦士層でもあった（この地で支配力を持つ）ラージプートに戦闘能力を供出することで、王国同士の戦いの際には歩兵部隊として大きな力を発揮するというものだった。しかしこうした職も、歴史の移り変わりのなかで無用となった現在では、農業[21]を営んだり、黄砂岩の採掘業に従事したりしながら、生きながらえてきた。80年代からは、この街が観光地としてその名をとどろかせ始め、ツーリストを相手にするビジネスが盛んになった。これら近代産業の世界では、伝統的職能を問わずに人々が参入できる。トライブの人々も、観光業の末端に参入していった。

タール沙漠観光の目玉は、キャメル・サファリと呼ばれる、沙漠エリアの周遊旅行だ。その名の通り、ラクダ（＝キャメル）に乗って沙漠を移動するわけだが、長い時には10日間以上のツアーとなる。その際に、寝床や食事、飲み物などの世話をし、ラクダを扱いながら決められたルートを辿るための先導役として、「キャメル・ドライバー」と呼ばれる人員が必要とされる。もともとラクダの飼育や扱いに熟達したトライブの人々が、このキャメル・ドライバーと

21 農業とはいっても、ひたすら雨を待ち続けるような零細農で、主にトウジンビエなどの雑穀を育てている。

して雇用されるのは時間の問題だった。

しかし、この沙漠ツアーの末端を担うキャメル・ドライバーには、本当に微々たる賃金しか払われてこなかった。ツアー客から得られる収入は、ほとんどがツアーをアレンジする代理店やホテルのものになっていた。この青年も、9歳の頃からキャメル・ドライバーとして働き始めていたが、その微々たる給料では、家族を養うことは無理だと判断した。

そこで彼は、ツーリストが多く訪れる城内に小さなオフィスを構えた。自らツアーをアレンジし、なんとかして観光業の中心に近づこうと一念発起したのだ。そしてその過程で、排除の暴力に直面してしまった、というわけだ。観光産業におけるショバ争いという経済的要因と、トライブに対する抑圧・排除という社会・文化的要因の二つによって、彼は追い詰められていた。それは、さぞ苦しいことだったと思う。まさに、四面楚歌。頼る人が誰もいないなか、彼は一人でもがき、耐えていた。

年は18歳と言っていた。僕はもうすぐ20歳だ。成人になろうとしている僕が想像もつかないような責任を負い、青年は一人の力で現状を打破しようと、歯を食いしばっている。

もう一度、彼と話してみたい。そう思った。どんな思いで、あからさまな抑圧と暴力を受け止め、先に進もうとしているのか。彼はいったい、自分の人生をどのように描いているのだろうか。それとも、目先のことで必死なのか。そもそもトライブとは、どんな人々なんだろう……。だが、猛スピードでその場を立ち去っていった彼を、もう追うことはできない。またいつか、会えるだろうか。

しばらく物思いに耽っていると、今度は5～6歳の少年が一人、大砲台に登ってきた。いつもは閑散としている大砲台だけど、今日は随分とお客さんの多い日だ。髪の毛をきっちりオイルで撫でつけ、目をクリクリさせた、利発そうな少年。彼は、照れくさそうに、おずおずと僕の近くに寄ってきて、小さな紙片を突き出した。僕がそれを受け取ると、その少年は一目散に大砲台を降りていった。紙片には、殴り書きの汚いアルファベットで、こう書いてあった。

僕の名前、パーブー。
さっきはすぐにいなくなった。ゴメン。
この先の、チョーガンパラというところで、オフィスをやってます。
話がしたいです。
ぜひ来てください。

さっきの青年だ。よし、行ってみようか。と腰を上げ、大砲台を降りようとすると、先ほどの少年が、大砲台の下で待っていた。彼は僕が降りてくるのを待って、歩き始めた。ついてこい、ということだろうか。僕は静かに、彼の後を追った。

パーブーズ・フルムーン・サファリ

少年は、時々振り返って僕の存在を確かめながら、迷路のような路地を黙々と歩き、ある裏路地の一軒の前で止まった。それは、他の建物と同様に黄砂岩で建造された、3階建ての建物で、近隣の家と接しながらかろうじて立っているような細長い家屋だった。少年は鉄格子状の小さな柵を開け、中に入っていった。家に入ると小さな土間があり、その奥には居間があるようだが、布で仕切られていて中の様子はわからない。土間の脇には、人一人が通れるか不安になるほどの小さな階段がついていて、彼はそこをスルスルっと登っていった。僕も彼の所作を真似して靴を脱ぎ、その後を追って階段を登った。2階には4畳半ほどの小さな部屋があった。小さなベッドと、テーブルが一つ、ボロボロのプラスチックの背もたれ椅子が二つあるのみの、簡素な部屋だった。手紙の送り手であるパーブー君は、やあ！　と言って、ベッドの縁に座ってニコニコしながら、僕を迎え入れた。

「突然呼びつけてしまって、ごめん。この子はリーラーダル。この家の子どもなんだ。どうしても君と話がしたくて、この子を送った。でも、来てくれて本当に嬉しい」

先ほどまでは絶望に打ちひしがれて泣いていたというのに、今は旧知の友と再会したかのように、満面の笑みだ。

彼の旅行代理店は、「パーブーズ・フルムーン・サファリPabu's Fullmoon Safaris」という名前だった。この東京の一人暮らし用ワンルームのような簡素な部屋が、彼のオフィス兼生活空間。壁には、これまで一緒にツアーを組んだ外国人ツーリストからもらった手紙や写真が飾られている。部屋の入り口には、「Willkommen!!（Welcome）」と描かれたカラフルな絵文字が貼られている。ツアーを共にして仲良くなったドイツ人カップルが描いてくれたのだという。

オフィスを始めて、はや半年。じわじわと迫り来る暴力に恐怖しながら、彼は城内を歩き回る外国人ツーリストに直接声をかけ、このオフィスに招き入れ、時間をかけてツアーに誘ってきた。

この街は、どこに行ってもキャメル・サファリの勧誘に会う。僕はもう辟易としていた。ホテル、レストラン、街角の客引き。彼は、そういった強引な手法に異議を唱えていた。まずは、じっくりと話をし、関係性を築き、「一緒に沙漠を旅してみたい」という気持ちが双方に生まれるならば、サファリの計画を考える。地道な作業だ。しかし、この方法ではビジネスとしては相当難しいのではないか、と感じた。何よりも、この街に来るツーリストは、すでにあらゆるところから勧誘を受け、早々にツアーを組まされてしまっている。この街に到着する寝台列車や長距離バスの中から、もう勧誘が始まるのだ。したがって、城内を歩き回っているツーリストたちは、すでに契約済みか、ツアーを終えている、もしくは僕のようにキャメル・サファリそのものに全く興味のない人々ばかりだ。
そんななかで、彼は細々と、仲良くなったツーリストと共に沙漠を巡っていた。こうした客たちの口コミが広がり、少しずつビジネスが回り始めることを夢見ながら。しかし、事はそう簡単ではない。口コミが広がって、定期的なツアーを組むことができるようになるまで（つまり軌道に乗るまで）には、もっと時間が必要だろう。その期間をどのように食い繋ぐのか。延滞気味の家賃に関して、大家のバラモン家族はイライラをあからさまに表現しだし、挙げ句の果てに値段を釣り上げたり、彼らの家具の修理を負担させたりと、理不尽な要求をし始めていた。おそらく、出ていってほしいのだろう。もしかしたら、彼がトライブ出身であることを事後的に知って、差別的行動がエスカレートしていったのかもしれない。

僕は毎日、午前中は市内を当てもなく徘徊し、昼は「ガバメント」でダラダラし、夕方になると大砲台で彼と会い、その後彼のオフィスに行って語り合う、という日々を続けた。彼の家族のこと、彼のこれまでの人生のこと、彼の抱える苦しみ、彼が夢見る未来。僕は彼の家に来る時には、リーラーダル少年の大好物であるM&M'sのチョコレートを買っていった。彼はいつもはしゃぎ回って喜んだ。英語を教えてあげたりもした。きっとリーラーダルの姿を見て態度を軟化させたのだろう。大家の家族とも少しずつ話をするようになった。もしかしたら僕が、パーブーと大家のバラモン家族との間でこじれてしまった関係の修復ができるかもしれない、そう思い始めていた。

ある日、大家であるバラモン家族が、初めて「チャーイを飲みに降りて来ないか」と誘ってくれた。パーブー青年と一緒に1階に降りると、ふくよかな体格の女性（リーラーダル少年の母）が迎えてくれ、居間に通してくれた。居間には、チャーイ用の素敵なポットとカップが用意されていた。ああ、いい香りだ。

しかし、パーブーが僕の後に続いて居間にあがろうとすると、その優しそうな女性は、突然顔をこわばらせ、お前は入ってはいけない、土間の靴置き場で待機していなさい、と伝えた。彼は渋々と土間の端に体育座りになった。そして、喉が渇いているんだ、と女性に告げた。彼女は、真鍮のツボに入った水を持って彼に近づき、上から彼に向かって水を注ぎ始めた。彼はそれを両手で掬い、手のひらに口をつけてゴクゴクと飲み始めた。

これには驚いた。このバラモン家族は、居間に上げることはおろか、彼に食器を触らせることすら忌み嫌い、このような行為を繰り返してきたのだ。パーブーも、あたりまえのようにその行為を受けている。僕はその姿を見て、なんだか心の底に寒々しい感覚を持った。

僕は、やっとなんでもフラットに話せる、素晴らしい友人をここジャイサルメールで得ることができた、と思っていた。1日の終わりに、彼やリーラーダルと時を過ごすことが、あまりにも楽しかったのだ。そして、人生に対して真摯に生きているパーブーに尊敬の念を抱き始めていた。その彼に対して、こんな対応が許されていいのだろうか。空気を読まず、言いたいことをつい言葉にしてしまう。そんな自分の特性が、ここでも発揮されてしまった。

「ちょっと待ってください。彼は僕の大切な友人です。僕をお茶に招いてくれたことはとても嬉しいことですが、僕が友人と共にいることは許されないのですか？　彼は犬じゃない。こんな冷たい石の上で待たせるなんてことは、僕にはできないし、すごく悲しいです。彼を居間にあげてもらえませんか？　そして一緒にチャーイを飲むことはできませんか？」

彼女は一瞬動きをとめ、僕をしばらく凝視しながら、諦めたような顔をし、わかった、と呟いた。彼女は居間に上がると、床に敷いてある美しい色彩の絨毯の端を摘んでひっくり返し、その角にできた剝き出しのスペースに座るようにと、彼に指示した。

きっと彼女にとって、最大の譲歩だったのだろう。彼女は、僕の意見を聞き入れようと必死に頑張ったに違いない。僕の意見に憤慨し、捨て台詞を吐いてきた例のバラモンたちとは違う。おそらく彼女は、双方の立場を保つべくギリギリの判断をし、行動したのだ。

しかし僕は、そこまでしない限り、この青年を居間に座らせることができないのか、と驚愕し、そこにある人間と人間の分断、海溝のように深い谷底を覗き見たような気がして、恐ろしくなってしまった。僕は、「ごめんなさい」と謝って、パーブーを誘って家を出て、大砲台に向かった。

彼は、嫌な気持ちにさせてすまない、と謝ってきた。しかし僕は、嫌な気持ちを抱いていたというよりは、現実を受け止めきれず、ただ混乱していただけだった。そのまま、あの居間で、何事もなかったかのように美味しいチャーイを飲むことなんて、できなかった（ジンジャーの香りのする、それはおいしそうなチャーイだった）。むしろ僕は、これまで保たれてきたパーブーと大家の関係に割り込み、余計な行為をしてしまったのではないかと、自分を責める気持ちすら持っていた。謝らなくてはいけないのは、僕の方ではないのか。

うまく言葉が見つからず、僕らは夕日に沈んでいく美しい市街地を、ただ黙って見つめていた。気がつくと、あたりはすっかり暗くなっていた。沙漠の夜は、冷える。僕は心の整理がつかないまま、そろそろオフィスに戻ろうという彼の提言を断った。彼も諦めたように、そこに座り続けた。

どのくらい時が経ったのか、よくわからない。彼は呟くように声を発した。

「コーダイ、僕はここを出て、一度村に帰ろうと思う」

いろいろなことが、もう限界に来ている、と彼は話す。

「今日のことは、いいきっかけなのかもしれない。リーラーダルと別れるのは辛いが、家族がどんな生活をしているかと思うと、気が気でないのも確かだ。それに、ここに居続けても、僕のビジネスはうまくいかないだろう。もう一度イチからやり直すことも、考えてみたい。僕は村に帰るよ。どうだい、コーダイ。僕と一緒に、僕の村に行かないかい？」

彼の突然の発言と提案に、ハッとした。彼の家族に会えるのか。トライブの人々が、沙漠でどんな生活をしているのか、体感できるのか。僕は、これまで執拗にせまられたキャメル・サファリを断り続けていた。沙漠には興味がない、と。しかし、パーブーと、その家族と共に生活する沙漠の世界には、すごく興味がある。よし、行こう！　と僕は心に決め、彼にそのことを伝えた。いつも悲しみと恐怖を漂わせている彼の目に、少しだけ安堵の光が宿ったような気がした。

自分を引き受け始める

千鳥なぜ鳴く　月の浜
伊良部通いの　船が行く
誰を待つやら誰を待つやら　島の灯が
波にくだけて　すすりなく

幼少期に父のカセットテープから流れていた「宮古島夜曲」が、インドの旅中、哀愁たっぷりに頭の中で繰り返し流れていた。遠く日本を離れ、行くあてもなく彷徨《さまよ》ったインド。季節ごとに世界を駆け巡る旅鳥である千鳥と自分の境遇が、どこかでリンクしていたからだろうか。

なんだか感傷的になって、長距離移動中に車窓を眺めながら涙が止まらなくなったことも、何度かあった。この涙は、郷愁からくるものなのか、自己憐憫なのか、それとも単純に孤独感に起因するものなのか、いまだによくわからない。いろんな感情が混ざりすぎて、その絡み合った糸をほぐすことができないくらいに、溢れる思いは複雑だった。

ただ一つ言えることは、僕は僕であり続けた、ということだ。

先生、「ぶっ壊れる」ことは、できませんでした……。

どんなに美しい景色を見ても、人の優しい心に触れても、ひどい呪いをかけられても、見てはいけないような厳しい現実を突きつけられても、僕は僕だったし、僕を必死に守ったし、時に辛いことから目を逸らし続けた。千鳥がハヤブサに生まれ変わることなんてない。そう思った。

僕は現状に合わせて、開いたり閉じたりしながら、自己の調整機能をフルに稼働させていた。まるで降雨量によって開閉を繰り返すダムの河川管理のようだ、と思った。

インドに行って何かが変わったか？　とよく聞かれるけど、「変わる」とは何か、という捉え方によって、答えは変わってくるように思う。性格や気質についていうのなら、僕は何一つ変わらなかったように思う。相変わらず僕は、ヘタレ人間で居続けた。よくモノを忘れたり無くしたりしたし、バスや電車によく乗り遅れたし、無理に動いて身体を壊したりもしたし、無神経な言動で他者を不快にさせたりもした。熟練のバックパッカーから見たら、あまりにもダメな旅人だ。
しかし、「変わる」の内容が、世界認識のあり方や、自己イメージに関することならば、僕は確かに、「変わった」と言えるかもしれない。僕がいかに小さな価値観に閉じ込められていたのかは、イヤというほどわかったし、知識量や発想力が著しく乏しいこともわかった。世界の広さを知ったし、そこは計り知れない論理の複合体として、簡単に解きほぐせないマトリクスが縦横無尽に張り巡らされた世界であることも知った。井の中の蛙ならまだしも、自分は試験管の中に投入された塩化ナトリウムの一分子くらいの存在でしかないと感じた。そして何より肥大化した自己意識（無根拠な自己尊厳）と自己顕示欲に囚われていた自分の姿が明確になった。迫り来る圧倒的な現実を前に、足をすくませながら逃げ続け、遠吠えしか発せられない自分の姿。それが自覚できたということが「変わった」ということなら、僕は確かに「変わった」。そして、自分の哀れな姿を見ながら、そんな自分とどのように生きていこうか、と考えるようになったくらいには、変化を遂げたのかもしれない。

自分が育ってきた環境、自分がいつの間にか身につけてきた価値観、自分が構築してきた自己イメージ。それらがどんなものなのかは、異質性の波の中で揉まれたり、自身が圧倒的にマイノリティの立場に立たなければ、意識することができなかっただろう。ほとほとイヤになったが、一方で、そんな弱くて卑小な自分のことを、ダメ出しし続けたり、より強固なメッキで覆ったりするよりは、そのまま（ある意味仕方なく）引き受けて、少しくらい大事にしてやろうか、という気持ちにもなってきた。僕が自他の「境界」をもっと鮮明に意識するようになり、かつその境界の周辺エリアこそが自己変容と他者受容に向けた決定的に大切な駆動力（「ゆらぎ」の力）の源泉になりうることに気がつくのは、僕が沙漠での生活を始めてからのことになるが、それは次の部に譲ることにしよう。

周縁への視点のズラし方

この部の最後に、少しだけインド世界に対する僕の（勝手な）解釈について触れておこう。「インドは多様性の国であり、全てを包摂するダイナミックな世界である」。そんな文言は、日本で読んだインドに関する書籍に、たくさん書かれていた。その通りだ、と思う。しかし一方で、包摂性を過剰に賛美することで、そこで繰り広げられる暴力的な分断に目がいかないとするならば、それはインドの一面的理解に堕してしまう、と思う。異質性（差異）を前提とすることで、つながることの意味や可能性を考え続けてきたのがインド社会だとするのならば、その異質性（差異）が、逆に強烈な暴力や排除に繋がってしまう危険性をも内包していることに、僕はこの旅で実体験をもって気づくことになった。

そして、こうした傾向は、明らかに僕の中にも潜んでいた。僕は自分が明確に意識していないレベルで、他者を見下していたのかもしれない。もしかしたらそれは、弱い自分を守るために、無意識に他者を否定したり自分の下に位置づけたりすることで、自／他の差異を明確にしつつ、自分のポジションを高いものだと（自身に）思い込ませようとする、悪あがきだったのかもしれない。「あの人よりはマシだ……」。そんな悪あがき。

僕は自分を「自信家」であると思っていたが、極めて自己肯定感の低い人間であることもわかってきた。周囲を笑わせ、エンターテイナーを気取っておちゃらけていたのも、自信を持てない自分を守るための防御だった。僕は、僕を笑い飛ばす人を、どこかで軽蔑すらしていた。この構図は、自身の権威を声高に主張し続け、否定されると激昂したバラモンたちと、一緒ではないか。

一方で、視点を常にボトムアップ的に据えようとしている人々がいる。彼らは、自身が卑小な存在であることを知っている。自己や他者を完全に理解することなんてできないことも知っている。だから、ヒマつぶしの吹っかけ議論を楽しみ、他者に質問のマシンガンをあびせ、「わかり合えるかもしれない」という可能性に向けて、一歩踏みだす。彼らの吹っかけ議論を見るにつれ、それは勝敗を決したり、他者を論破したりするために行っているのではない、ということがわかってきた。それは、さまざまなテーマを媒介に、自／他の差異を浮き彫りにしていくような作業だ。それは、湧き上がる異質性と異和感そのものを楽しむためのものだった。それは、差異性をめぐる遊戯だったのだ。

ボトムアップでフラットな場から自／他の差異を受容していくこと。インド世界の包摂性を担保しているのは、このようなスタンスなのだろう。差異と包摂性のバランスを意識しながら、

「Aal Izz Well」の地平へと歩を進めること。その境地へと進むためには、視点を上から下へと移し、大地に根をおろし、中心ではなく周縁から世界を捉えようとすることが大切なのだろう。例のバラモンたちや僕は、「上方／中心」から、世界を見ることに慣れてしまった人々だ。それを、「下方／周縁」に少しずつズラしていこう。そう心に決めた。そう、地を這うような働きぶりを見せていたトーチマンのように。ストリートでよく見かける、あまりにも崇高な目をした物乞いたちのように。そして、常に社会から周縁化されてきたパーブーやトライブの人々のように。僕がインドに来てから目指したいと思った世界は、ここにあった。このことも、次の部でより明確にしていこうと思う。いずれにしても、僕のさすらいの旅＝フィールドワークは、まだ始まったばかりなのだ。

第二部

褐色の世界で見たもの

第5章　沙漠で生きるということ

「死」の領域へ

見渡す限りの平坦で乾燥した大地。脳天に直撃する直射日光。顔や首、腕など、肌の露出部分を焦がす熱風。雨季真っ盛りの沙漠[22]は、予想外に過酷だった。所々に屹立するケージュリー[23]の木のくすんだ深緑と、黄色く乾燥したサボテン以外は、ただ乾き切った岩盤と砂だまりが延々と続く、褐色の世界。

これは、死の領域だ。

ジャイサルメールのバス・ステーションで僕とパーブーが乗り込んだ乗合バスは、1時間ほど、かろうじて舗装された道を進んだ。そう、僕らは彼の村に向けて、いよいよ出発したのだ。バス内部の席が埋まっていることを確認した途中乗車の客たちは、あたりまえのようにバスの

実は、屋根の上の方が風通しがいい分、心地がいいのだ（危険度はアップ）。

背面に設えられたハシゴを伝って屋根の上に次々と登り、「席」を確保していた。彼らは、下車したい場所に近づくと、屋根をバンバン叩いて、バスの停車を促していた。

我々は下車してから、「道」という概念を根底から考え直さなければならないような、人間の足跡らしきものがうっすらと残る大地を、滝のような汗を流しながら進んでいた。時折現れる黒い山羊の群れや、大地を転がるように進むフンコロガシの存在以外は、生命を感じることのできない、不毛の大地。あがり続ける息は、すぐに強烈な喉の渇きにつながる。バス・ステーションで購入した、ガチガチに凍ったペットボトル3本分の水（氷？）

22　本書では「沙漠」という語句を使いますが、これは「砂漠」の誤字ではありません。砂だらけのエリアというより、砂丘がところどころにありつつも、むしろ岩盤が剝き出しとなった乾燥した大地が続く世界なので、「水の少ない土地」という意味で本書では「沙漠」を使用しています。

23　Kheiri。学名はProsopis cineraria。マメ科の樹木で、南アジア・西アジアの乾燥地帯にみられる。マメ科なので細い鞘のマメを実につける。これをスパイスで煮込むと、この地方の「サーグ（青物）料理」の出来上がり。鞘は硬く嚙みにくいし、味も苦味があって、それほど美味しい料理ではない、というのが僕の印象（個人の感想です）。

は、背負ったナップザックの中でアッという間に溶けてぬるま湯のようになったうえ、すでに2本が飲み干されてしまっていた。

もしこの道連れの青年と離れ離れになって、僕一人がこの世界に取り残されたら……？　いつまで経っても到着しないまま、最後の水を飲み干してしまったら……？

もはや景色を楽しむ余裕すら失い、僕の中には不安と恐怖が充満し始めていた。

なんだって多くのツーリストたちは、こんな世界に、大金を払ってまで繰り出すんだろう。もしかすると彼らは、「なんでもある」世界から、「何もない」世界に越境し、溜まりに溜まった情報や消費の澱から逃れたいのかもしれない。ツーリズムの制度にしっかりと守られながら、荒漠として寂寥としたこの世界を覗き見て、精神のデトックスをしたいのかもしれない。それくらいの合理的な理由が、何かあるんだろう。「何もない」世界と対峙しながら、そんなことを考えた。しかし僕は、そんな浄化されていくような気持ちよさを感じることのないまま、足を取られる砂に悪態をつきながら、鬱々とした気持ちで沙漠を歩むことしかできなかった。

しばらく進むと、「ちょっと休もう」とパーブーは言い、僕らはこの近辺では最も大きなケージュリーの木陰に座り込んだ（大地に忽然と屹立するこの木を、僕らは「ヌーンキー・ツリー（チンコの木）」と名づけた）。光と影のコントラストが、あまりにも強い。木陰は、沙漠のアジール（避難所）だ。

少しだけ体温を下げることに成功したが、吹き出す汗は木陰にも吹き荒れる熱風によって瞬く間に乾燥し、肌に白い粉のような跡が残った。汗に含まれる塩分だろう。体中の0・3%が塩分で構成されているという人間の身体を、このようなところで具体的に実感できるというのも、面白い。

泥造りの家と下半身裸の子どもたち

30分ほど木陰で直射日光の攻撃から逃れたのち、少し元気を取り戻した僕らは、また歩き出した。彼の「もうすぐだ」という言葉を信じ続けて、相変わらず砂でフラフラする足元に集中しながら、一歩一歩、慎重に歩く。水はもう底をつき始めている。いったいこんなに「何にもない」世界に、村なんかあるんだろうか？　時折地平線の遥か遠くに、土色の小屋らしきものを見かけることはあったが、それを村というのは無理があるだろう。

あれだ。

ヌーンキー・ツリー（チンコの木）。葉の下のラインが直線なのは、あの高さまでラクダが食べちゃうから。

とパーブーが指差す先を見ると、はるか地平線の手前、少し小高く砂丘が盛り上がった上にポツンと建てられた小屋をかろうじて見ることができた。「え、あれ？」「そう、あれ」という何も情報のない会話を何度か繰り返しながら、僕らはその小屋へと歩を進めた。こんなところに、い、い、一軒家？　今だったら某ＴＶプログラムのナレーションを想起しただろう。

泥で造った、まるでおもちゃのような四角い小屋。側面に二つの扉があるということは、内部で仕切られていて二つの部屋がある、ということだろうか。

パーブーが「ホ、ホー！」とかん高い声で到着を知らせると、扉の中から一斉に子どもたちが飛び出してきた。その姿に、僕は驚愕した。上半身にはボロボロになったシャツのようなものをかろうじて羽織っているのだが、どの子どもたちも下半身が丸出しなのだ。パンツやオムツを穿くという習慣がないのだろうか？

理由を尋ねると、まだ世界のことがよくわかっていない子どもたちは、どこでウンチやオシッコをするのかわからないので、常に下半身は開放しておかなければならない、という。家の周辺は砂と岩盤だけだ。この子たちは思い思いに大地を駆け巡りながら、好きな時、好きな場所で用を足すようだ。

言われてみると、なんと合理的なんだろう。自分が幼児の子育てを経験した今だから言えることだが、用を足したくてビービー泣き続ける子ども、用を足した後で蒸れたり気持ち悪がったりしてグズる子どもも、そのたびに焦ってお尻拭き用のウェットティッシュと新たな紙おむつを持ってあたふたしていた自分の姿は、この世界を知ってしまうと、なんだか不自然に思えてくる。僕らは、排泄行為が管理され尽くした世界に生きている。

排泄の誇り

話は飛ぶが、長距離バスに乗ると、いろんな田舎町に停車して、バスが1時間以上動かなくなったりする。そんな時、乗客たちは思い思いの時間を過ごす。バス停にあるチャーイ屋でスナックを頬張るのもいい。小さな商店を見つけて水やバナナを補給するのもいいだろう。ただ、いつも問題となるのが、トイレだ。停車した街には、公衆トイレと呼ばれるものがないのだ。しかし、乗客たちはあっさりと用を足して戻ってくる。いったいどこで……？

最初の頃は我慢していたが、あるとき思いきって、降りた町の住人らしき人に「あの、トイレ（ペシャーブ・ガル＝オシッコの家）ってどこですか？」と尋ねた。すると、声をかけられた中年の男性は呆気に取られ、「トイレだって？　トイレは……ここさ！」と大きく手を広げてニヤリと笑った。町のどこでも、ひっそりと隠れられるところでさっさと用を済ませろよ、ということなのだ。乗客をよく観察してみると、確かに商店街の裏路地や、空き地の草むらの中でさっさと用を足していた。それを、町の人もあたりまえだと感じているようなのだ。

歩く人間がいるから沙漠に道が生まれるように、用を足す人間が特定の場所に集中するならば、そこがトイレとなる。そんなあたりまえの事実に驚愕する。「先進国」と呼ばれる世界に生きる我々は、徹底的に排泄をする場を限定した。つまり、町中から排泄行為を排除し、場を極端に制限し管理してきた、ということだ。町や建物内から喫煙所がほとんど消し去られたように。

良い、悪いの問題ではなく、自分のいる世界が「あたりまえ」ではないということだ。パーブーの実家の子どもたちが、自然と排泄（の場）を学んでいくように、僕らもどこで排泄行為を行うべきかを学び、友人宅でトイレの場所を聞き、街中の公衆トイレやデパートのトイレを探し回って悪戦苦闘している、というだけのことだ。だけど、僕は自分の生きてきた世界を、ちょっと窮屈に感じてしまった。

流動的な「村」

さて、飛び出してきた下半身丸出しの子どもたちの話だった。この子たちの多くは、パーブーの弟たちであり、親類の子どもたちであり、隣の家の子どもたちだった。隣の家？と訝しむと、この小屋から300メートルほど離れた場所に、同じように泥造りの小屋を三つ重ね合わせたような家屋が建っていた。パーブーの実家とその家は、トライブの中でも同じ氏族集団に属していて、親戚のような存在であるという。しかし、見渡す限り、この二つの家屋以外の建物は見当たらない。おい、パーブー。君は「村 village」と言ったよね？と詰め寄ると、僕らにとっての村は、だいたいこんなもんさ、とお答えになる。ここでは「村」という概念そのものを根底から考え直さなければいけないようだ。

帰国後ではあるが、社会学辞典を広げてみると、イエ・ムラ論争というのが出てきた。ヒトのネットワークがあって、それなりに社会統合（社会関係の累積）がなされていればムラでしょう、という論理と、ムラは「イエ＝家」を基本単位にした連合体だよ、という論理がぶつかり合っている様子がわかった。パーブーの感覚は前者に近い。沙漠全体に広がっている彼らの社会的なネットワークが、ある程度の継続性と凝集性を持っていることがわかってきたからだ。人類学では、こんな感じで世帯がバラバラなのにムラを形成している状況を、「散村／散居村 scattered village」と呼ぶようだ。そう、沙漠のムラの多くは、この散村の形態をとっているのだ。バラバラなのに「なんで」「どうやって」つながっているの？　という話は、後のお楽しみにとっておこう。

こうして、緩やかにつながっている社会関係が、あるところで固まったり、その他に分散したりしながら、流動性をもってムラを構成しているのだ。だから、この家屋のメンバーシップも、きっとコロコロと変わっていくのだろう。

さて、いろんな血縁を持った子どもたちがワラワラと存在していることはわかったが、その母親たちが見当たらない。なぜか尋ねてみると、外部から来た人間（客人）の前に女性が姿を

パーブー一家の泥造りの家。屋根の上のホロ（簡易日差しよけ）は僕の寝床。

見せることは「失礼」に当たる、ということだった。なんてことだ！　女性たちは暗い小屋の内側からひっそりと僕の様子をうかがっていたのだ。

僕が挨拶をしたいと小屋に入ろうとすると、女性たちは頭から腰に掛けたオードゥニー（*Oduni*）と呼ばれる長い布地で、サッと顔を隠してしまった。後に僕がこの家族の「長兄」として認められ受け入れられるまでは、彼らは一切顔を出そうとしなかった。

これがパルダーか。

教科書では、イスラーム教徒の女性たちを外部の男性たちの視線から保護するために「隔離」する習慣として説明されている、パルダー（*purdah*）。パキスタン国境に近いこのエリアでは、ヒンドゥー教徒でもトライブ社会でも、この原則がしっかりと生きていた。知識として知ってはいたが、目の前でサッと顔を隠され、家屋にしつらえられた簡素なカマドで、僕を避けるように黙々とチャーイを用意する彼女たちの姿は、強烈な印象を与えた。

沙漠で生きるということ

それにしても、こんな熱砂の吹き荒れる荒涼とした大地に建つ、あまりにも粗末な泥造りの小屋で、どうして生活が成り立つんだろう。僕にとって居をかまえることとは、電気と水道とガスを開通させることであり、家賃は安いか、駅に近いか、コンビニはあるか、スーパーはあるか、郵便局やATMが近いかなどと考えたりしながら、最適な場所を模索し続けることだと思っていた。

ところが、この家には本当に、モノがない。周りにも、何もない。当然、電気も水道もガスも通っていない。家の中を覗くと、最小限のステンレス製の食器と、石を重ねて泥で固定した小さな竈《かまど》と、重ねられた毛布と、ジェラルミンの衣装ケースが数個据えられているだけで、家財道具と呼ばれるような大仰なものはほぼ見当たらない。あたりまえだが、冷蔵庫も洗濯機も、ない。周りは隣家の一軒がかろうじて視界に入る程度で、見渡す限り荒漠とした大地なのだ。

こんな簡素な装備で、人間って生活できるものなの⁉

頭が混乱してくる。あまりにも、生活がシンプルに過ぎるのだ。本当に人が住んでいるの？これはたまに遠征の時などに泊まる簡易な仮小屋なんじゃないの？　と疑問が止まらない。しかし、彼らはここにだいぶん長いこと（少なくとも10年以上）居住し、生活をしてきたのだ。もし世界最強のミニマリストを決める大会があるとするならば、間違いなくこの家の面々が優勝するはずだ。

しかし、彼らのライフスタイルが見え始めてくると、それは極めて合理的な計算に基づいていることがわかってきた。例えば、水道やシンクがなくて、どうやって食器を洗うのか、不思議でしょう？　彼らは油で汚れたステンレスの食器を家の脇に運び、サラサラの砂をゴシゴシとこすりつけ、汚れた砂をささっと払い落とす。2回ほど同じ動作を繰り返すと……なんということでしょう。食器がピカピカになって、油がしっかりと落ちているではありませんか！　食器用洗剤のCMよろしく、指で擦るとしっかりとキュッキュッとなるほど、油が落ちている。砂はきっと日中の直射日光で熱せられて殺菌消毒がされているだろうし、何より砂の粒はしっかりと油分を吸収し、食器からこそげ落とすのに便利なのだ。砂だけは破壊的な量を誇る世界だ。食器用洗剤には事欠かない。

料理の際に出た生ゴミや食べ残しは、そこらに放り出しておけば、野良犬や山羊や虫が集まってきて、数分後にはすっかりキレイになっている。ここでは自治体指定のゴミ袋も生ごみを分解するコンポストも必要ない。彼らの手元に残るごくわずかなプラスティックゴミたちも、夜の焚き火であっという間に処理されてしまうし、僕が持ち込んだようなペットボトルは水の容器やトイレのお供として大変重宝されることになった。とにかく、無駄がないのだ。

水といのち

水は？　水道がなくてどうやって生活するの？　という読者の悲痛な叫びが聞こえる。この家から2キロほど離れた場所に井戸が存在するのだ。この水を、家の脇に無造作に置かれている水瓶というか素焼きのポットで汲みに行くのは、朝イチの女性たちの仕事だ。これはなかなかに骨の折れる仕事だと思い、のちに僕もペットボトル片手について行ったことがある。子どもたちも嬉々としてついてくる。道中は歌を歌ったり、冗談を言い合ったりして、楽しい時間となる。あの木の実が美味しいとか、あのサボテンから滲み出る白い液体を舐めたら死んじゃうよ、などなど、いろんなことを教えてくれる。

突然空を大きな鳥が横切る。それを見て子どもたちは大はしゃぎする。その鳥は、「スガン・チリ」という名がつけられていると教えてくれた。訳すと、「吉祥の鳥」。道中でその鳥が前を横切ると、運気が上がるのだとか。そう、何もない沙漠の景色の中に、彼らはあらゆるものに名を与え、物語を付与し、豊かなイメージの世界をつくっている。沙漠は「死の世界」ではなく、なんとも芳醇な生命の結晶体だった。

井戸には周辺のムラから集まってきた女性たちがいて、情報交換をしたり、世間話に花を咲かせていたりしていた。なんとも楽しそうだ。これが、リアル井戸端会議か……。

井戸端の世界は、パルダーの規制によってなかなか家を自由に出られない女性たちの、最も解放的な空間のように思われた。水汲みは、彼らの生活に彩りをもたらす社交とエンターテインメントの時間なのだろう。実際に、彼女らは家を出てしばらくすると、さっと布を外して素顔を見せてくれた（見知らぬ男性が近づいてきたら、彼らはまた顔を隠すのだが）。

彼らは頭に布でつくられたドーナツ状のクッションを乗せ、ヒョイと水の入った壺を乗せると、背筋を伸ばして颯爽と歩いていく。色のない沙漠の世界に、水を運ぶ女性たちの、原色で、ともすれば少しどぎつい色合いの衣装（ラージャスターニー・ドレス）が、見事に映える。多くの写真家たちが狙ってきたフォトジェニックな光景だ。

こうして家に運ばれた3〜4個の水瓶が、この家の1日分の水ということになる。家族は、ローターと呼ばれる真鍮の小さなコップを利用して、この水を大事に使っていく。水洗トイレなど、あるわけがない。彼らはコップで汲んだ水をペットボトルに半分ほど入れ、意気揚々と沙漠の大地に向かって歩いていく。枯れたサボテンや、砂でできた地形の窪みを見つけては、しゃがみ込んでサッと用を足す。持ってきた水を使って左手で陰部を洗い、使った手もしっかりと洗った上で、空のペットボトルを持って颯爽と帰ってくるのだ。トイレットペーパーなどは存在しない。

僕には、この彼らの排泄行為が、なんともかっこよく思えた。トイレに行く姿に尊厳を感じるほど、堂々としている。ヒソヒソと、「ちょっとお手洗い……」などとやっていた僕が住む世界からは考えにくいほど、偉そうなのだ。

最初の頃は、僕はトイレに何度も失敗した。まずは場所選びが下手くそなのだ。どの目線からも逃れられる、絶妙なスポットを見つけられない。ここだ！　と思ってしゃがみ込むと、遠くから「おい！　そこじゃ丸見えじゃあ！」というお叱りの声が飛んでくる。周囲の人の気配と、二つの家屋（パーブーの実家と隣家）からの角度が重要なのだ。しかし、一度死角を見つけることができれば、そこが自分専用のトイレとなる（だいたい皆おんなじことを考えるので、皆様の痕跡がしっかりあったりする）。

それにしても、トイレに使う水が、僕には少なすぎた。ペットボトル1本分は、ほしい。直接狙ったスポットに当ててしっかり洗えるようになるまで、背面から前からいろいろと試したが、ダラダラとこぼし、水を無駄にしてきた。シャツやズボンがびしょびしょになった。こぼれた水は沙漠の砂に吸収され、瞬時に乾き切ってしまう。何事も訓練だ。

おフロでも下着を脱いではいけない!?

水といえば、身体を洗うことも大変だった。この家には、家屋の脇に、低い塀で囲まれたシャワー兼洗濯場のようなものが据えられてあった。その狭い空間に入ると、下には平たく長い石板が2本敷かれていて、その上に両足を乗せることになる。使っていいのはステンレスの小さなバケツ半分ほどの水。浮いているローター（コップ）で水をすくい、上手に身体に水を浴びる。シャンプーはなく、石鹼だけで髪も身体も全て洗う。それを、上手になるとコップ3杯でキレイに洗い流すことができるのだそうだ。日光で熱くなった頭髪と頭皮に、コップで冷たい水を注ぐ。とても気持ちのいい瞬間だ。頭から身体に流れ落ちる水は、頭部の熱を帯びて背中やお腹に到着する頃には温水になっている。この感覚が、なんとも面白いのだ。ヒヤッとしてから、ぬるま湯になるまでの時間の速さ。そして身体にかけた水の乾きの速さ。何もかもが日本での入浴体験と異なっている。

初めて水浴びをした時は、ちょっとした事件になった。簡易な塀で囲まれているだけの、オープンエアーの「シャワールーム」では、子どもたちが塀をよじ登ったり、隙間から中を覗き込んだりしてくる。それをなんとなく恥ずかしく思いながら、僕は下着を脱ぎ、全裸になって身体を石鹼で洗い始めた。すると、ワーキャー子どもたちが大はしゃぎを始め、蜘蛛の子を散らすようにどこかに行ってしまった。続いて現れたのは、隣家に暮らす同氏族のトライブのおっさんとお爺さんで、何やらすごい剣幕で水浴び場の外から叫んでいる。慌ててパーブーの一家がなだめに入りつつ、大声で僕に告げた。

「コーダイ、どんなことがあっても、自分のイチモツを晒してはいけないんだ！　すぐに壁に引っかかっているドーティー（腰巻き布）で覆ってくれ！」

はっ！　なんということだ。身体を洗うのに全裸になってはいけないとは！　僕は慌てて腰布を巻きつけ、びしょびしょのまま外に出ると、いまだに怒りが収まらない隣人に頭を下げることになった。

「何にも知らない若造が！　ぺっ！」

おじさんたちは吐き捨てるようにそう告げると、300メートル離れた家に戻って行った。おいおい、なんだこの騒ぎは？　とパーブーに告げると、

「さっき言った通りさ、水浴び中だって、誰がどこから見ているかわからない。絶対に自分のモノは晒してはいけないんだ」

そういうと彼は、水浴びの手順を、次のように教えてくれた。

①　まずは下着（パンツ）以外を全て脱ぐ。
②　頭から水をかけ、石鹸で身体を洗う。
③　再度頭から水をかけ、身体の泡を洗い流す。

④ ドーティーを腰に巻き、パンツを脱ぐ。
⑤ ドーティーの下から陰部を洗い、水で流す。
⑥ 脱いだパンツを、石板に叩きつけてよく洗い、絞る。
⑦ ドーティーの下から新しいパンツを穿き、あとは着衣する。
⑧ 外したドーティーと絞ったパンツを干す。

なるほど、この方法ならば、イチモツを外部に晒すことはない。最初に言ってくれよ。

ではトイレの時はどうなのだ、晒すことになるだろう？　というと、クルターを着ているから大丈夫だという。

この地方のローカルな男性たちの多くは、クルターと呼ばれる、ゆったりとしたチュニック状の衣服を着用している。トイレ時（大も小も）にしゃがみ込む彼らは、クルターの前の部分が覆い被さるようになり、絶対にモノを露出しないようにできているのだ。なるほど、クルターには、そのような重要な役割があったのかと膝を打ったものだ。

ちなみに僕に激昂したおっさんとお爺さんは、隣家の親子で気性も荒く強面だが、外見には似合わない優しさを垣間見せる時があることを、彼らの名誉のために付け加えておこう。彼らは、彼らの尺度となる文化的制約の中で、その文化の破戒者に対して当然の怒りを示しただけなのである。自分の思い通りにならなかった僕に罵詈雑言を浴びせたバラモン1号2号とは違う。それにしても、その後の滞在や訪問のたびにも、この二人（特におっさん）にはいろいろと怒られたなあ、と思う。僕は随分と彼らに、ここでの生き方の「流儀」を学んだのである。

失敗のもつ豊かさ

ことほどさように、このムラでの奇妙な生活は、僕にとっては失敗の連続ばかりだった。何をしても、注意される。いや、この最初の滞在の時には、僕に怒鳴ってくるのは隣家のおっさんだけで、パーブーの家族たちはやわらかく、静かに注意してくれたものだ。しかし、それも最初の頃だけだった。まだ気を遣いあっていた頃だ。滞在が長くなるにつれ、そして訪問回数も積み重なり、もはや「本当の家族」のように思えてくるほど関係が深まっていく過程で、怒られたり機嫌を損ねたりする回数も増えていった。

僕はこの世界では、ちゃんと社会化されていない子どものようなものだった。彼らにとっての「あたりまえ」が、通用しない未熟者。そしてそれはまた僕にとっての「あたりまえ」が通用しない異世界。間違って、怒られて、通じなくて、伝わらなくて、悔しくて、通じた時には嬉しくて……。このプロセスに、僕だけではなく、彼らも飲み込まれていく。そして彼らも、僕のことを理解し始め、自身の在り方や、自らの「あたりまえ」を相対化し、差異に驚愕し、そして繋がり方を模索していく。僕もゆらぎ、彼らもゆらぐ。ゆらぎながら、ともに世界を創っていく。この絶え間なく、つらくも嬉しいぶつかり合いの長い長い過程こそが、「異文化理解」などと軽々しく表現できないような、忍耐のいる学びのプロセスなのだ。失敗や怒りは、この豊かな「ゆらぎの空間」を創造するための、最高の入り口なのだ。

ついでに、僕の失敗の数々から厳選したものを、いくつか挙げておこう。

事例1　火の神

夜になると、沙漠の世界は、一気に冷える。上着を羽織り、時にはブランケットを持ち寄って、二〜三人でくるまりながら、中央に焚いた火を囲む。

ある時、冷え切った足を温めようと、焚き火に直に足を向けると、そこにいた全員が「おいおい！」「何してるんだ！」と声を上げた。火に足を向けるなんて、とんでもない、というのだ。

焦って、即座に足を引っ込めながら理由を聞くと、単純な理由が返ってきた。「火はカミ（神）だからだ」という。なるほど、沖縄でもヒヌカン（火の神）が信仰されているし、アニミズム[24]的な発想だな、などと納得して、その場は謝った。しかし、のちに彼らの文化や歴史を知るにつれ、そんな単純なものではないことがわかってきた。

トライブの系譜や出自は、常に王権であるラージプート（「raja＝王」と「putra＝子孫」の複合語）との関連で表現される。つまり、戦士として、従者として仕えていた頃の名残が深く刻まれているのだ。僕が滞在しているこのトライブ家系（民族集団）の系譜は、ラージャスターン州の中心部、アラーワリー山脈にある聖地アーブー山を始源とする流れであり、王家パルマールの称号を名乗っている王家パルマールに仕えたトライブの系譜、ということになる。

王族ラージプートには大まかに三つの系統があって、月王統（*chandra vamsh*）と太陽王統（*surya vamsh*）、祭火王統（*agni kula*）とそれぞれ呼ばれている。月と太陽と火。彼らが主張する王家パルマールは、この中の祭火王統の系譜にあたり、その意味でも火は特別な意味を持っている。彼らの神話語りの中にも、火と煙にまつわるものが多く出てくる。意識的か無意識的かを問わず、彼らにとって焚き火は、遠く離れたアーブー山に、絶え間なく焚かれている聖なる火とつながっている。「おい、火に足を向けるな！」という、すごく日常的で些細な感情の背景には、古《いにしえ》より連綿と伝えられてきたパルマールの王家の物語が隠されていたのだ。火に足を向けるという「失態」をやらかしたことで、僕は火をめぐる深遠な物語に入り込むキッカケを得られたわけだ。

24　アニミズム animism：生物・無機物を問わない全てのものの中に霊魂、もしくは霊が宿っているという考え方。人類学者エドワード・タイラーは、こうした霊的存在への信仰こそが、宗教なるものの始源だと論じた。ここでは、火には霊が存在していて、それに対する信仰心から怒られてしまったと、単純に片付けてしまった。

事例2　妹と女神

もう一つ例を挙げておこう。これはインド全般で言えることかもしれないが、ここはキョウダイの権力関係がとても重視されている社会だ。特に、長兄が強い。もちろん、父が一番強い。しかし、長兄も負けずとも劣らず、家族内では絶大な力を持っている。世界中で忌み嫌われることになった、家父長制の色合いのとても強い世界だ。兄は、あらゆることに権力を持っている一方で、父と共に全ての家族の問題を処理したり、責任を負ったりする。それは大変な立場だ。あたりまえだが、力を持つことと、その重責を担うことは、コインの裏表なのだ。だからこそ一家の長兄であるパーブーは、一人で城の上で、強烈な差別行為を受けながら、耐え忍んでいたのだ。

城では傷ついて涙を流していたパーブーは、家族との関係では、絶大なる権力を保持していた。食事をしたり、焚き火を囲んでお酒を飲んでいても、次々とキョウダイ（特に弟や妹）に指示を飛ばしていた。たいていはグラスを持ってこいだの、塩が足りないだの、チャパーティー（インドの薄焼きパン）を追加しろ、だのといった些細なことだ。どかっと座って、細々したことは全て、弟や妹を動かす。のちに僕もこの家の「長男（長兄）」として位置づけられていくわけだが、どうにもこの使役関係に馴染めず、かつ膨大な問題の責任を引き受けることに耐えられず、年下のパーブーに「兄ちゃん *bhahu*」と言い続けた。人を使役することに慣れていない事と、重大な責務を負わされるのだけはごめんだ、と考えたからだ。

ある時パーブーが、3番目の妹であるフーアーに、コーダイ（僕）のために沙漠の酒（違法）を注ぐためのグラスをもってこい、と命令した。フーアーはすぐにグラスを持って僕に差し出したが、僕は焚き火だけが頼りの漆黒の闇の中でグラスを受け取るのに難儀し、思わずグラスを差し出すフーアーの手を握ってしまった。これには、その場で火を囲んでいたおじさまたちが、こぞって怒りの声を上げた。

おい、お前いま何をした！

突然のことだったので、僕はびっくりして、しばらく心臓が静寂の夜にバクバクと音を響かせた。その時は、僕の行為の何が悪かったのかすらわからず、ただオロオロとするしかなかった。

どうやら家族の中でも、妹の身体に触れることは御法度《ごはっと》となっているようだった。それが、フーアーのように初潮を迎えた妹であったのならば、なおさら厳しく禁じられている行為だったのだ。もちろん、僕は性的な意図などこれっぽっちもなかったのだが、相当にダメな行為として、彼らには映ったようだ。

このことが起こった後、なまじっか人類学的なお勉強をかじってきた僕は、この出来事はレヴィ＝ストロース流のインセスト・タブー（近親相姦の禁忌）[25]のことだな、と単純に解釈した。だから、妹の手を握るというのは、性的な含意のある、やってはならない部類の行為に入るのだ、と。

ところが、話はそこで終わるものではなかった。彼らの考える「妹」という存在は、もっとずっと深い意味を持っていたのである。

妹は尊い女神？

このエリアのトライブ（少数民族）の人口分布では、ビール（Bhil）と名乗る民族集団が最も多い。[26]このビールの人々は、さらに15の下位集団（氏族集団＝クラン）に分かれていて、それぞれの集団には名前がつけられている。各氏族集団では、内部で結婚をすることができず、他の集団から妻を娶らなければならない（「クラン外婚」と呼ばれる）。そして、各集団は、それぞれ信仰する民俗神（folk deity）を定めている。その多くは、沙漠のあちこちに所縁《ゆかり》をもつ女神たちだ。女神は彼らの世界のスーパーヒロイン（アイドル）であり、沙漠の世界はその物語に溢れている。氏族集団は、「推しのアイドル」を囲むファンコミュニティ（＝界隈）に似ているところがある。

僕が入らせてもらったビール・トライブの集団は、ラーウティヤー（Lavtiya）という名の氏族集団で、マーラン・バーイー（Malan Bai）という女神を信仰している。そのあまりにも強い信仰心には、目を見張るものがある。この女神は、この集団にニワトリ（チキン）や卵を食すことを強く禁じたり、身につけてはいけない装飾品があったりして、数々のタブーを課していた。彼らは忠実にそれを守り、日々を過ごしているのだ。そしてこの女神こそ、「バーイー（姉妹）」という名がついているように、ラーウティヤー氏族の全ての人々の「妹」とされているのだ。この女神の話は、これからも頻繁に出てくるが、心配しなくて大丈夫。その都度説明するつもりだ。

ここで大切なのは、彼らにとって「妹」とは、この女神の存在に結びつく存在であり、家庭内でもリスペクトされ、超自然的（スーパーナチュラル）な力を持った存在とも考えられてきたことだ。とはいえ、長兄は、妹にガンガン命令し、一見すごく支配しているようにも見える。

25 ある集団に属す未婚の女性は、社会的に貴重な「交換財」であり、婚姻を通じて女性が社会で循環することで、人々は集団間関係を強化し、生存のための戦略を立ててきた。だから、自集団の女性（特に初潮を迎えた女性）は大事に保護されなければならない。それが、特定の親族内での性的関係を禁じるインセスト・タブーという、人類普遍の慣行を生み出した、という考え方だ（日本の刑法においても、直系血族〔父母、祖父母、子ども、孫〕や兄弟姉妹など、近しい血族関係にある者同士の婚姻や性行為は禁止されている）。

26 その他にも、ミーナー（Mina）やガーンティヤー（Ghantiya）など、さまざまなトライブ集団が存在する。

でもそれは表層的な、日常的な世界における主従関係であり、目に見えない霊的な世界や信仰の世界においては、触れてはならないような強力な力を持つ存在に早がわりするのだ。このような二つの世界（世俗世界と霊的世界）での意味づけが一つの存在に重なっている状況を、人類学では「両義性」と名づけてきた。

例えば、不慮の事故や、突然の神がかりにあったりした際には、まず妹による治癒や除霊のための、小さな儀礼が最優先される。そういえば、古代日本でもこの「妹」の持つ霊的な力に対する呪術的な信仰が根強かったことを、民俗学者・柳田國男も言及していたっけ。[27] その他、さまざまな儀礼には、必ずと言っていいほど、妹の存在が重視され、重要な役割を果たしている。妹、恐るべし。全国の妹萌えの皆さん。妹は、間違いなく、尊いのです。

というわけで、間違いだったとはいえ、酒宴の場で妹の手を摑むなどという行為は、全くもって言語道断であり、不躾でサイテーの行為となるのである。何せ妹の背後には、この氏族の誰もが絶対的な服従を強いられている、マーラン・バーイー女神の後光が差しているのだ。今となっては、「そりゃあかんわな」と納得のいく話ではあるのだが、当時にしてみたら何が何だかわからず、戸惑うしかなかった。

「怒り」と「失敗」から生まれる可能性

こんな話は、枚挙にいとまがない。僕は、この世界では失敗の常習犯だった。随分と現地の皆さんに怒られたものだ。けれど、ここでお伝えしたいのは、「失敗」とか、「怒りのポイント」というのは、住む世界によって全く異なる形で立ち現れてくる、曖昧で相対的で、でも人々の世界観に支えられた貴重なシグナルでもある、ということだ。

火に足を向ける、間違って妹の手を摑むといった行為は、僕らにとってはふとやってしまうような、日常性に溶け込んだちょっとした逸脱行為かもしれない。しかし、そこに立ち現れてくるこの世界の人々の感情の発露は、その背景に存在する膨大な歴史の蓄積と、現在の彼らが保持している物語空間や、張りめぐらされた世界認識の網の目が生み出した、「当然」の反応なのだ。

人々が発する「怒り」は、なかなかに侮ることのできない「気づき」の入り口だ。現地でやってしまう「失敗」も、彼らの意味世界に潜り込んだために現れた、表層の小さな裂け目なの

27 柳田國男『妹の力』（創元社、1942）。とはいえ、柳田は、私たちが考える妹というよりは、より広く同族女性や恋人などをもその定義に含み込んだ、幅広い女性たちの霊力に対する信仰や祭祀における重要な役割（ヒメヒコ制）を論じたのだった。

だ。僕は、こんな経験を積み重ねながら、人々が表出する「怒り」と、僕が意図せずにしてしまう「失敗」を、とても大切に思うようになっていった。それは、自己と他者の絶妙なズレを感知するためのレーダーであり、より深く互いを理解するためのスタートラインとなるものだったからだ。

余談だが、この「怒り」と「失敗」は、僕が生まれ育った日本社会では、とても悪いこととされてきた。情操教育という名のもと、怒りなどの「負の感情」を抑制することをよしとし、社会人になった後も「アンガー・コントロール」が必須であると諭されてきた。「失敗」だって、許されるものではない。失敗は学校での成績や内申点を下げ、会社ではＫＰＩ（重要業績評価指標）を下げる、避けなければならないことだ。次のボーナスや今後の昇進に、悪影響を及ぼしかねない。ＳＮＳでは、社会的に人の「失敗」とされたことを晒し、誹謗中傷の嵐が巻き起こっている。「悔いろ」「謝れ」の大合唱だ。

しかし僕は、フィールドワークの経験から、人を怒らせてしまったり、失敗をしてしまったりすることこそ、人々の生きる論理や自身の価値観の輪郭を浮かび上がらせ、起きているコトの深層に向けて一歩踏み出すことができる、とても貴重なチャンスであると感じるようになった。怒る方にも、その背後には「わかってほしい」という気持ちが潜んでいるように感じる。他者を否定し、排除することが目的ではないのだ。

僕のようなヘタレ人間は、頻繁に人を怒らせ、人に怒られることが日々のデフォルトになっていたりする。その度に僕はイライラを募らせたり、凹んだりしながら、自分や他者を責め立てたりしていた。なんでこんな思いをしなければいけないんだ⁉　と吐き捨てながら。

でもそれは、表層的な感情に囚われた、小さくも苦しい経験としてのみ、僕の中に滞留していく類《たぐい》のものにとどまった。なぜか？　それは、そもそも怒りや失敗が、「あってはならないこと」として初期設定されていたからだ。できれば避けて通るべきものと考えていたからだ。だから、貰い事故として、嫌な経験として、忘却しようとしてきたし、「リスク」として、できる限り回避しようとしてきたのだ。

平穏で、波風立てない日々を送りたいという願いは理解できるが、それでも僕らは日々の生活の中で偶発的な怒りや失敗を、カンペキに避けることはできない。だとしたら、避けたり記憶から抹消したりするのではなく、与えてもらった「思考の広がり／深まり」の種として、「想像力」の源泉として、そのような負の出来事を引き受け、大事にあたためていくほうがよほど創造的ではないか。それがいつか、僕の生の豊かさにつながっていくのに違いない。そんなことを考えるようになっていった。これも、フィールドで教えてもらった大切な学びの一つである。

「その人を知りたければ、その人が何に対して怒りを感じるかを知れ」

『HUNTER×HUNTER』のゴンが大切にしている言葉が、今ならよくわかる。

沙漠の民の身体性

すっかり話が脱線してしまった。心して元に戻そう。

「失敗」や「怒り」が僕に多くのことを教えてくれた一方で、彼らの生活を観察していくなかで他にも驚かされたことがたくさんある。その一つに、沙漠で暮らす人々の、その身体能力の高さがある。これも、僕の中に大きな「ゆらぎ」をもたらした。

彼らは、とにかく、目がいいのだ。

こんなことがあった。

沙漠では、ラクダが生活必需品だ。何かを運ぶにも、どこかへ移動するにも、観光客を乗せて歩くのにも、ラクダがいなければどうにもならない。また、立派なラクダを所持していることとか、毛並みや装飾が見事であることとか、何頭持っているかなどが、社会的なステータスをあげたり、家族やコミュニティの誇りとなったりする。

しかし、沙漠の民たちはラクダを、僕らが飼う犬のように鎖で繋いだり犬小屋に閉じ込めたりしない。両足にゆるい足輪（手錠ならず、足錠とでもいうのか）をはめて、放し飼いにするのだ。この足輪は歩くスピードこそ弱めるが、その緩さゆえに、ラクダの移動を可能にする。夕方になって集められたラクダたちは、足輪をされて放置される。その後彼らは、左右の前足を（足輪の小さな緩みを利用して）前後にこまめに動かしながら、トテットテッと好きな方向に歩き始める。どこに向かうのかは、風まかせ。夜も暗くなってくると、もはや自分たちのラクダがどこに移動してしまっているかは、わからない、はずだった。

ある時パーブーが密造酒のグラスを傾けながら、深夜に尋ねてきた。

「コーダイ、いまラクダがどこにいるかわかるかい？」

その日は新月。沙漠は真っ暗闇に沈んでいて、星の光は瞬いているが、地面は静かな風の音がたゆたうばかり。光を発するものなど、ほぼ何もない。

「こんなに真っ暗じゃ、わかるわけがないだろう？」

と告げると、その場で火を囲んでいた5〜6名の男たちが、一斉に笑い出した。

「わからないだって？　ハハっ‼　流石にジャパーニー（日本人）だ。どこに行ったって電気まみれで、夜なんて経験したことがないんだろうよ！」

彼らは、「メイド・イン・ジャパン」という言葉だけは知っていて、日本といえば全部がテクノロジーに侵され、電気に支配された国だと思っている（そして、それはあながち間違っていなかったりする）。

「そうか、こんなに暗い闇の中でも、君らにはラクダの場所がわかるっていうんだな。だったら、僕がこれから指示するので、一斉にラクダのいる場所を指差してみろよ。そうしたら信じてやるよ」

と僕は偉そうな口を叩き、カウントダウンをはじめた。

エーク、ドー、ティーン！（1、2、3！）

すると彼らは、前述の「ヌーンキー・ツリー（チンコの木）」がある方角に近い、バス道に向から方向の少し右に逸れたあたりを一斉に指差し、ほらみろ！　と、これでもかというほど見事なドヤ顔を決めた後、大笑いを始めた。

僕はというと、指を差されたとて、それが正解なのかどうかわからない。あまりに悔しいので、バッグから双眼鏡を取り出し、注意深く地平線を眺めた。地面と大地が混ざり合う、その微妙な境界線にはうっすらと光の差異が見られ、双眼鏡ならラクダを見つけられるだろうと思ったからである。しかし、それでも僕は、ラクダの姿を捉えることができなかった。

その日以来、僕は「ラーティンドー（夜に目が見えなくなるヤツ）」というあだ名がついた。

♫ 夜はラーティンドー、日中は見ることすらできない！
Raat ro raatindo, din bar dekhe koni!

という奇妙な節回しの歌までつくられ、僕はずっとからかわれ続ける羽目になった（が、僕はこの奇妙な歌がすっかり気に入ってしまった）。失敗ばかり繰り返す僕は、夜どころか日中ですらちゃんとモノ（の道理）が見えていないヤツ、といった意味合いだろう。いや、まさしくその通りだ。

ちなみに彼らは、翌朝になってから、まさにその指差した方向に向かい、ラクダの足輪を外して、あっさりと連れ戻してしまった。彼らの目には、赤外線レーダーでもついているのだろうか。

沙漠の狩人流「生命の遊戯」

彼らの目の良さは、狩りでも絶大なる力を発揮した。そう、言うのを忘れていたが、彼らは本来「狩猟採集民」として（そして有事には王族の歩兵隊として）生計を立てていた部族だ。つまり、狩人・猟人だったのだ。その血は、生業《なりわい》としての狩猟をとうの昔にやめてしまった子孫たちの中にも、しっかりと息づいていた。違法所持しているライフルを片手に、夜中から未明まで漆黒の闇を走り回るシカや、飛び回るウサギや穴に逃げ込むオオトカゲの捕獲、投石器を使ったムクドリの狩猟など、それは多岐にわたっていた。彼らは暇を見つけては、「おい、今日やるか」と目の中の炎をたぎらせて、仲間内でひっそりと夜の狩猟活動に心を躍らせるのだ。

かくいう僕も、随分と付き合わされた。日中の太陽ですっかり疲弊した僕の身体にとって、肌寒い夜の沙漠を太陽が昇るまで歩き、走り続ける猟は、それはそれは過酷なものだった。

「おいコーダイ、そっちに行ったぞ！　回りこめ！」

などと命令されながら、足を取られるひんやりとした砂地の上を走り続ける。体力勝負だ。しかし、ここでも彼らの「目の良さ」が遺憾なく発揮される。数百メートル先の茂みの中に、確実に動物たちの気配を感じ取り、遠距離から動物たちの目にピンポイントでライフル弾を撃ち込む彼らの手腕には、ゾクゾクするほど感激したものだ。

そこでは4〜5時間ものあいだ、動物の息づかいや臭いと、彼らが駆け抜ける地形との、微細で複雑な対話が続けられる。それでも、ダメな時はダメだ。動物たちの才覚に、完敗することも多い。それは、敵陣のゴールまで戦略的にボールを運ぼうとするサッカーのような集団プレーにとてもよく似ていて、緊張と弛緩の波が目まぐるしく変化する、究極のゲームなのである。

Gameという英語が、狩猟の意味を帯び、かつギャンブルの語源となっているのも、全くもって納得する。動物の「気」を読み、地形と風の流れを読み、微細な光の変化を読む。それは人間と動物の織りなす、生命の遊戯だ。

ボードゲームもトランプもスマホもSwitchもNetflixもない彼らの世界では、彼らを取り巻く環境と、そこに息づく生命たちとのバトルという名の対話が、最高の遊びとなっている。そのゲームに参加し勝利するためには、課金をしてアイテムを揃えたり、敵を倒してレベルアップするのとはケタ違いの努力——自身の身体を鍛え上げ、動物と対話をするためのアンテナとセンスを磨き、全ての感覚器官の感度を高め、危険極まる世界に飛び込んでいくためのゆるぎない自信を構築していく、絶え間ない努力と実践知の蓄積——が必要とされるのだ。

僕らは、夜にものを見る能力をずいぶんと失ってしまったが、彼らの本領発揮はまさに夜。目が良くなくては、世界と対話することができないのだ。風を読み、匂いを感じ、微かな物音に反応する、五感をフルに活用した感覚器官の総合的な能力も同様だ。ある意味、「退化」した僕の身体と感覚器官では、もはやこのゲームに参加することはできない。それはとても悲しいことだった。

一方で僕は、月明かりの中で、ライフルを構える彼らの隆々とした上腕二頭筋の凹凸がうっすらと浮かび上がる時、人間の鍛え抜かれた身体の美しさに、惚れ惚れとしてしまうのだ。同時に、冷え切った沙漠を機敏に走り回り、時に静止してじっとこちらの様子を伺う動物たちの姿に、ほんのりと光るシカやウサギたちの体毛の美しさに、僕の心臓は飛び出さんばかりに魅了されてしまう。ひんやりとした砂や風が舞う、月や星の光がその淡い輪郭を浮かび上がらせる大地の美しさにも、心惹かれていく。

ああ、僕はいったいここで、何をしているんだろう？

自分という存在の儚さと小ささだけが際立っていく。しかし、ここで感受することのできる世界の、この溢れんばかりの美しさは、いったいなんなのだろう？　僕は命令されるがままに走り続ける沙漠の中で、生きてるって、こういう感覚なのかな、と漠然と感じていた。

それでも僕の身体は、数時間の沙漠の徘徊に、あっという間に悲鳴をあげ、動物たちを射止めるその瞬間に至る以前にしゃがみ込み、彼らの動きを遠くから眺めるか、サボテンの裏で息も絶え絶えに身体を横たえてしまうのだった。なんというヘタレ。たいてい気がつくと、狩りを終えた男たちにゆすぶり起こされ、その日の猟の成果を興奮気味で語る彼らに付き合わされることになるのだ。

僕は思う。彼らのいう「電気まみれ」の生活や、便利さと快適さを追求した近代的生活の様式によって、僕はすっかり人間に本来備わっているあらゆる能力を低下させてしまった、と。夜を見通す目、砂地を駆け回る筋力、自然や動物たちとの対話の力、根気強く動物たちを追い詰める気力や体力、ゆるぎない自信、そして世界とつながるためのアンテナやセンス。僕は、失ったそれらの力を埋め合わせるように、他者の評価やテストの点や断片的な知識の量を増大させ、かりそめの尊厳をかろうじて保っているような人間だった。そしてそれらの相対評価の獲得競争は、自然の中で生き抜く感度や能力、つまり動物を獲って食べるという、生命維持のために最も必要とされる実践知にとって、何一つ役に立たないことだった。このことは、「生きる」ということの根源的な問いを、僕に強く投げかけるのだった。

第6章　超自然的世界への入り口

女神と生きる人々

さて次に、僕が「ゆらぎの空間」に飲み込まれていった、ちょっと不思議な話をしたいと思う。溢れんばかりにある彼らの能力の一つ、「超自然的な存在とそのエネルギーを感受し、操る力」についてだ。

ここからは、なんともスピリチュアルで、超常現象や都市伝説にも通じる、相当に奇妙な話をしなければならない。先に断っておかなければならないのは、そうした「霊的なモノ・コト」の「実在」を証明することが本章の目的ではない、ということだ。

僕だって、「神の力」とか、「超自然的力」とか言われても、「いや、そうは言ってもさあ」と疑るタイプの人間である。だから、ここでは「ある／ない」とか、「いる／いない」の話には集約したくないし、できない。ただそこには、そのようなモノ・コトを感受し、そのことに関する言葉を積み重ね、かつそれを生活の根幹に据えている人々がいて、その人々の営為を覗き見たり、部分的に同じような経験をしたかのように感じてしまった人間（僕＝ヘタレ人類学者）がいる、というだけの話だ。

妹の手を間違って握ってしまった話はした。その時、妹の背にはマーラン・バーイー女神の後光が差していると記述したことを思い出してほしい。

彼らは、ことあるごとにこの女神のことを口にする。食事や飲酒の前には必ず女神への敬意を示すし、ため息を吐くのと同じ頻度で「ヘイ、マーラン（マーラン女神よ）」という合いの手を、会話の節々に入れ込んでくる。なんとも愛されている女神であり、「氏族みんなの妹」なのだ。

しかし一方で、彼女の機嫌を損ねたり、彼女の課した掟に背いたりすると、大変なことになってしまう。そんな、恐（畏）るべき存在でもあったりする。愛と魅惑と畏れと恐怖。この女神を前に、人々はいろんな感情をあふれさせる。

それにしても、この超自然的で、超越的で、かつ「実在」した／するとされる女神、いったいどんな存在なんだろう？

実はこの女神、遠い遠い過去、このトライブ（ラーウティャー

偉大なるマーラン・バーイー女神は、彫像では可愛らしいお姿。

氏族）の属しているパルマール（祭火王統のパラマーラ王朝）の55代前の王、ベーリーサールの娘と説明されている。と言われても訳がわからないと思うが、僕が調査に入った集団は、前述の通りパラマーラ王朝（祭火王統）に仕えていた氏族であり、その王朝の信仰を引き継いでいる人々だ。つまりこの女神は、彼らが代々仕えてきた王家の、伝説の（かつ実在したと信じられている）娘だったのである。

この地に何度も通うなかで、僕はすっかりこの女神のまき起こす現象や、その背景にある物語にのめり込んでいった。その豊富な神話や、女神にまつわるさまざまな儀礼や祭礼に関わるなかで、「信仰」というものが特別な行為や態度なのではなく、日常生活に深く根付いた「自然」なものであることがわかってきた。つまり人々は、女神と「ともに」生きてきた、といえる。この女神を「超自然的」「超越的」なものと捉えつつも、日々の中にあたりまえに立ち現れてくる、身近な「日常的」存在とも捉えているのだ。

その証拠に、女神はいろんなところに現れる。移動中の道で、真夜中に眠っている最中、病気でうなされている時に、お酒で酩酊状態にある時に、フッと顔を出す。そして人々はそこから、なんらかのメッセージを読み取ろうと、あーだこーだと対話を重ねるのだ。

「昨夜の音を聴いたかい？　随分と忙しそうにマーラン・バーイー女神が空を走り回っていたじゃないか。何か良くないことでも起きるのかねえ」（パーブーのお母さんのある朝の言葉）

女神は、その乗り物《サワーリー》であるライオンにまたがって、空を駆け巡る存在である。そして空を飛ぶ女神が、自宅の上空に差し掛かると、〝チクロッチクロッ〟という音が鳴るのだという。それを聴いたお母さんは、忙しそうな女神の姿を想像しながら、何か不吉なことが起きるのではないかと朝から心配をする。こんな調子で、女神の「顕現」は、それほどびっくりするような異常事態ではないのだ。それは、日常の中にそっと入ってくる、世界の流れを読み取るためのヒントのようなものかもしれない。

ちなみに、僕はこの沙漠で生活をしている間、屋根の上で寝ていた。狭い泥小屋の中には、人数に増減はあるものの、常時10名以上の「家族」たちがひしめき合って睡眠をとっていて、後からノコノコとやってきた新参者の僕には、寝る場所なんてなかったのだ。

あそこはアタシの寝床でございますぅ。

噺家名人、八代目桂文楽の十八番《おはこ》であった『寝床』のオチを頭でリフレインさせながら、僕はいつも壁から突き出た石材と鉄の樋《とい》に手を引っ掛けて、屋根によじ登っていた。下にいる弟や妹たちに頼んで、ボロボロになったブランケットを数枚投げ上げてもらい、サンドイッチのように自前の寝袋を挟み込んだ。その隙間に潜ったら、最高に快適な寝床の完成だ。

沙漠の夜、特に未明から朝方にかけては、とても肌寒い。これくらい重装備な寝床で、ちょうどいいのだ。しかし、寝る前はまだ少し蒸し暑かったり、熱砂を含んだ風が吹く日などは、寝袋には入らず、ブランケットの上に大の字で横たわった。

実はこの屋根の上の、僕だけの寝室は、とても理にかなっていた。まず雨が（ほとんど）降らないので、濡れる心配がない。そして、地面に存在するサソリやコブラ、毒グモは、そうそう屋根の上には上がってこないという安心感があった。

完全なるオープンエアー。風の音や、山羊の首にぶら下げたベルの音だけが微かに彩りを添える、静寂の世界。日中の茹《う》だるような暑さから徐々に解放され、一切のプライバシーのない濃厚な人間関係の網の目から逃れ、空に広がる星や月を眺めながら大きく深呼吸をし、物思いに耽る。そうこうしているうちに、睡魔の緩慢な攻撃に、少しずつ身をゆだねていく。なんとも幸せな瞬間だ。たまにブランケットや寝袋を蹴散らかし、腹を出して寝てしまっている時もあったが、そのような時は決まって肌寒さから目が覚め、とっぷりとふけた夜を楽しむためにメガネをかけ、少しだけ夜空を見上げたりしていた。

手が届きそうな星空。

こんな使い古された散文的表現が、これほどまでにリアリティを持って感じられる瞬間があるだろうか。都市から遠く離れたこの沙漠の外れには、星の光を遮るネオンが存在しない。ギラギラというオノマトペすら似合いそうな、その存在感を存分にアピールしてくる群星たちが、まるで襲ってきそうな夜空である。時に、強烈な光を投げかける流れ星などがあったりすると、妙に心臓が過剰反応して、再び眠りにつくまで時間がかかったりしていた。

そんな幸せな夜を過ごしていた日々が10日ほど過ぎた頃、相変わらずブランケットを蹴散らかしていた僕は、真夜中にムクッと起き上がった。昨日子どもたちと砂丘でジャンプ大会（切り立った砂丘の上からどれくらい遠くまで飛べるかを競う遊び）をやり過ぎたために、足腰が筋肉痛だったし、いつもより深い眠りに落ちていたようで頭がぼーっとしていた。すぐに睡眠を再開しようとブランケットに潜り込んで目を閉じた瞬間、羽で鼓膜をなぞるような微かな、しかしはっきりとした音が聞こえてきた。

チクロッ……チクロッ……

これまでに聞いたことのないこの奇妙な音にハッとなり、数日前の朝に沙漠の母が言っていたことを思い出した。マーラン・バーイー女神の夜の飛行の音は、まさにこれではないか？と。その後も単発的にこの音が聞こえたかと思うと、静寂の夜がふたたび訪れた。その後、潜り込んだ寝袋の暖かさに眠気を抑えることができず、僕はこのわずかな記憶を残して、翌朝太陽がだいぶ高く上るまで、眠り続けてしまった。

この奇妙な経験を、誰よりも遅く起きてきた僕は、熱く（パーブーの）母や、山羊の毛を紡いでいた父、パーブーや兄妹たちに伝えて回った。母は「あらまあ、あんたにも聞こえたのね！」と喜んでくれたが、他の人々の反応は、あまり期待していたものではなかった。

ふん、ようやくわかったか。

というくらいの、なんともあっさりとした反応だった。ここで生活していれば、女神の存在を嫌でも感じるものさ。何も驚くことではない。そう言われているように感じた。

その後、僕は何度もこの地に通い続け、屋根の上で寝る経験をくりかえしてきたのだが、この音をはっきりと聞くことができたのは、この時と、数年後、別の場所で野外の簡易ベッド《チャルパーイー》で窮屈な夜を過ごす羽目になった時の、たった2回だけだった。その時僕は、この狭いベッドをパーブーの弟とシェアし、眠りの浅い夜を過ごしていた。この音が聞こえてハッ！　とした瞬間に、同じくそれを聞いた弟に、「おい、聞こえたか？」というセリフと共に、脇腹をチョンと触られたことを覚えている。

残念ながら、その音の正体は、いまだになんだかわからない。いや、「正体」などという言葉は、「その音には、鳥の声や気象条件など、なんらかの科学的に解明可能な原因があって、それを女神の飛行の音だなんていうのは全く迷信に違いないんだ」という発想から選ぶ言葉だ。軽々しく使うべきではない。

が、僕のなかでは、あれがなんだったのかをはっきりさせたいような、それでも女神の飛行音なんだと信じてみたいような、アンビバレントな感覚がある。このような感覚は、沙漠での生活では数限りなく湧き起こってくるもので、僕はそのたびに、不思議な現象の種明かしに躍起になるのではなく、彼らの世界線から捉えてみようと奮闘した。もちろん、そんなことは不可能なのだが。ここで生まれ、ここで生き続けてきて、この世界との対話を言葉や物語として紡いできた彼らの長い歴史的プロセスに、今から簡単に参入することなんて、できやしないのだから。

山羊に降りてきた女神

こうした、どうにも説明がつかないような経験は、まだたくさんある。

この生活をし始めてから3日目。彼らは僕という「異物」の到来をことのほか喜び、迎え入れるための宴をすると言って、張り切っていた。単なる観光客の物見遊山ではなく、長男パーブーが連れてきた「友人」として捉えられてか、僕は随分と大切に、特別扱いをされていた

（最初だけ）。

ホスピタリティとか、「おもてなし」などという言葉は、浅薄で表層的な関係性でしか成り立たない、と思う。僕は最初の1週間くらいは、とても気を遣って接してもらったし、家族のメンバーからは「何か困ったことはないかい？」などと声をかけられてもいた。

こんな荒々しい大自然を前に生きている、この躍動感に溢れる民よ！　文明の及ばない世界で素朴に生きる、なんと人間らしい美しい人たちよ！　君たちに会うことができて、僕は喜びに満ちている！

などと感激していたのは、本当に最初だけ。1週間もしないうちに、彼らは「素」の状態にあっという間に戻ってしまった。喜怒哀楽といった感情をむき出しにし、横柄な態度をとり、プライバシーにズカズカと土足で入り込んできて、困っていてもこちらから助けを求めなければ応えてくれない、ともすればこちらの失敗に怒鳴り声をあげる人々に。そう、これくらいの方が、こちらも気を遣わなくていい……とも思ったが、いや、もう少し気を遣ってくれよ、という気持ちもなくはない。失敗を怒られることに積極的な意味を見出せるようになるには、もう少し時間が必要だった。

話を戻すと、まだ僕の到来を、サービス精神たっぷりで喜んでくれていた当時の彼らは、コーダイのために山羊一頭を供犠《くぎ》し、マーラン・バーイー女神に捧げたのちに、その肉をたらふく味わう酒宴をしよう、ということに決めたようだった。歓迎の意味合いもあるのだろうが、彼らが肉を肴に酒を飲みたいだけなのでは、とも思った。というのも、山羊は彼らの奢りだったが、酒代は出してくれと、ちゃっかり請求されていたからだ。

しかし、彼らの名誉のために付け加えておくと、このあたりの感覚は、とても「インド的」なのかもしれない。なぜなら、インドでは「祝われる」人間が「振る舞う側」に回るというのが一般的だからだ。インドの方々は、さまざまな人生儀礼（誕生、成人、結婚、出産など）の際には、ホスト側が食事や酒、会場や音楽など、つまり宴の全てを取り仕切り、気前よく振る舞う。特に実子の結婚式は、全財産を投入してしまう、ひいては多大なる借金を背負ってしまうという事態が生じてしまい、社会問題になっていたりした。だから、酒の費用くらい僕が負担するというのは、ある意味あたりまえのことなのかもしれない。

とは言っても、山羊を一頭仕入れるには、3000ルピーもかかる（自宅にいる山羊でいいじゃないかとも思うが、それらはミルク用のメス山羊で儀礼用ではない、とのことだった）。僕はみんなが十分に楽しむことができる酒の量を、それと同じくらい、つまり3000ルピーほど購入するため、密造酒で有名なK村までいき、ペットボトルに注ぎ込んだ酒を10本ほど家に持ち帰った。

パーブーの家には、どこで聞きつけたのか、すでに30～40人ほどの男たちが集まって、そこらで小さな車座を組んでワイワイと世間話をしていた。知らない人間だらけだ。彼らは一様に僕の到着に気づくと、品定めをするように、僕に舐めるような視線を向けた。どこから集まってきたんだ、この人たち……。

僕の帰宅を待っていたかのように、突如儀礼が始まった。男たちはゾロゾロと、家から100メートルほど離れた場所に安置された小さな女神の祠の前に靴を脱いであぐらをかき、手に火のついた線香を持って振り回しながら、祈りの言葉を捧げ出した。少し燃えて灰になった線香の先端を軽くつまみ、互いのおでこにシュッとなすりつける動作が続く。おでこに灰をつける指は、薬指に限定されているようだ。

男たちは一連の祈りを終えたのち、祠の前の広いスペースに円を描くように立った。数十人の男たちが、大地を丸く囲む円をヒト文字のように作った形だ。男たちは手を握り合っている。そこに、山羊が一頭放たれた。

山羊は突然連れてこられ、男たちの作る円の中に放り入れられた状況にびっくりし、「ヴェヴェェェェ！」と鳴きながら、必死になってその場から逃げ出そうと慌てふためいていた。逃げようとすると、男たちは手を握ったままその行く手を阻む。すると山羊は踵を返し、反対側

供犠用の山羊を連れてきた少年（甥）。運命に気づいているのか、山羊の目はウツロ。

から逃げ出そうとするが、反対の男たちも固まって、その行く手を塞いだ。山羊と競うカバディのようだ、と思った。ときには逃げ出そうとする山羊の角を握り、ぐるっと回転させて、円の中央に位置するように引きずり戻す。山羊が真ん中で少し止まると、人々は大声を上げる。

出でよ、マーラン!!
世界を緑にする女神よ!
顕現されよ!!
マーランに栄光あれ!

人々は口々にマーラン・バーイー女神の到来を懇願する。しかし、山羊はまた逃げ出そうとして動き出し、人々はまたそれを中央に引きずり戻す。こんなことを、何度も繰り返すうちに、随分と時間が過ぎていった。人々は飽きもせず「出でよ!!」と叫び続け、山羊は逃げ出そうと必死の抵抗を続ける。

震える山羊

なんだこれは。どうやら山羊に女神を憑依させようとしていることはわかってきた。しかし、相手は山羊だ。どうなったら山羊に憑依した、という「事実」をみんなは受け入れることができるのか。つまり、その憑依の兆候は何で判断されるのか？

どれくらい経ったろうか、痺れを切らした僕は、輪の中からそっと抜け出し、刃先が1メートルはあろう長刀《タルワール》を研いでいたパーブーに近寄り、その疑問をぶつけてみた。

「震えるのさ、山羊が」

それが答えだった。女神の降臨を告げる「兆《きざ》し」とは、山羊の動きが完全に静止したのちに、山羊が震え出すことなのだという。パーブーは手のひらをまっすぐ伸ばし、包丁で切る動作のように手のひらを縦に固定したのちに、左右にブルブルと振るわせてみせた。こんな感じ、と言わんばかりに。

僕はまた輪に戻って、彼らに掛け声を教えてもらい、一緒に唱えることにした。

バーイー・マーラン！（マーラン女神よ！）

ガニー・カンマー!!（お願いを聞いてくれ！）

マーラン、ダーニョーニー!!（マーラン、我らが主人よ！）

山羊はだんだん動きが緩慢になり、ノロノロと円の縁をなぞって歩き出す。それを男たちは中央の位置に戻す。この作業が、ずっと続く。山羊は震えない。

するとパーブーの妹、フーアーが呼ばれた。円の中に入った彼女は、中央に連れ戻された山羊の前足を両手で触れ、大地に頭をこすりつけるように祈りを捧げ、持参した真鍮の水差しから少しだけ手に水を取り、山羊に振りかけるような動作をした。

その後、またしばらく男たちの掛け声が続く。日中の高かった太陽が傾き始めている。もしかしたら、もう数時間経っているのかもしれない。僕は立ち続けているのが辛くなってきた。いや、このなんだかわからない行為をやり続けることの意味そのものがわからなくなってくる。だって、相手は山羊だぜ？　人間なら憑依したことを告げることができるし、何より憑依の演技をすることができる。「降りて来た」ことを表現できるのだ。供犠の対象に選ばれてしまった可哀想なその動物が、「はい、こんなんでました」などと言って神の到来を告げることなんて、無理な話だ。

僕は日中、日陰で太陽光線の攻撃から身を守りつつ、ひたすら家の周りをうろついている山羊の動きを見続けてきた。黒々とした彼らの毛が反射する光に見惚れつつも、彼らの動作の面白さを最高の暇つぶしと思い、日がな1日、山羊の一挙手一投足を観察していたのだ。山羊は自由にうろつき、常に何か食べるものはないかと緩慢にフラフラし続けるか、人間様の邪魔になるたびに「バクロー!!（この山羊!!）」と叫ばれ、その場をそそくさと逃げ出す行為ばかりを続けていたのだ。震える姿なんて、見たことなかった。

日中の太陽を浴びながら、手を汗でビチャビチャにさせながら両隣に立つ男の手を握り続け、あらん限りの声で女神を呼び続けることに、僕はすっかり嫌気がさしてしまった。

日はすっかり傾き、夕陽が沈んだ大地は、ゆっくりと夜の帳《とばり》を迎え入れようとしていた。明暗の間に入ったこの微妙な時間帯を越え、真っ暗になっても、この人たちはこの儀礼行為を続けるんだろうか。最初の妹をはじめ、次々と近隣から呼ばれた女性たちが山羊の前足をグッと握って、祈りを捧げる。

そして、最終兵器であるかのように堂々と登場したのは、パーブーの母だった。彼女は「しょうがないねえ」とでも言いたげな表情で、煙を撒き散らす線香を3本ほど握りしめ、山羊の前にしゃがみ込んだ。線香を7回山羊の頭の周りにぐるぐると回し、大地に頭を擦りつけ、手にした水差しに軽く指先を入れ、その手についた水滴を払うように、山羊に軽く振り撒く。

母が離れ、しばらく時が経った。僕はこの儀礼に付き合いきれず、いつ到来するかもしれない女神の存在を、どこかに腰をかけながらじっくりと待つことにするか、とその輪から外れようとした。

その時である。山羊の動きが、突然止まった。

ブルブルブルブルブル……

囚われの山羊が、円の中心から少し外れた場所で、震えていた。

その震えがどれくらいの時間だったのか、わからない。十数秒だったかもしれないが、僕にはスローモーションのように数分続いた所作のように感じられた。

山羊は頭を垂れ、美しい毛を振動でなびかせるように、背骨の盛り上がった部分を軸にして、左右にフルフルと小刻みに体を振るわせていた。その姿は、太陽が沈んだ後の曖昧な光の中でも、はっきりと目視することができた。


ふ……震えている……女神が……降りて来た……のか？


その姿を見て、漫画『カイジ』のような緊迫感で僕は息を呑み、動けなくなった。気がつくと、手を繋いでいた両脇の男たちがいなくなっていた。円を囲んでいた男たちは特別驚いた様子も見せず、安堵の表情を浮かべながら次なる儀礼の準備をし始めていた。

数名の男たちが山羊を取り囲んだ。山羊の震えはとうにおさまっているものの、静止したまま動かない。山羊がその運命を覚悟しているようだった。

山羊の供犠と首

そこに登場したのは、長刀《タルワール》を手にしたパーブーだった。彼は微動だにしない山羊を前に、狙いを定め、あっという間に長刀を振り下ろした。山羊の首が2メートルほど前にフッ飛んで落下すると同時に、胴体がドサッ！　と音を立てて脇に崩れ落ちる。側面を地面に接触させた山羊の身体は、足をバタバタさせながら最後の生命力を振り絞るように暴れていた。首の方は、顎を地面に接しながら、何事かを叫んでいるように口をパクパクさせ、その反動で少しずつ黒色の頭部を前進させていた。

パーブーは血の滴るその首を、角を握ってヒョイと持ち上げたかと思うと、家のそばに安置されているマーラン・バーイー女神の小さな祠まで運んで行った。まだ出続ける血を、女神の祠に丁寧に垂らし、首を祠の前に安置すると、その前であぐらをかいて両手を合わせ、祈り始めた。僕もそばに座って、同じ所作で両手を合わせた。

僕の心臓は鳴りっぱなしだった。奇跡とは、もっとこう、華々しいものであると考えていた。何か、鮮烈な光がさすとか、海が二つに割れるとか、人が空中に浮かび上がるとか。ここで見ることのできた世界は、山羊の震えを待ち続け、それが来たら首をはね落とし、その血を女神に捧げるという、あまりにも日常の延長に起こる、リアリティ溢れるものだった。しかし、だからこそ、その光景や現象は、僕自身の生の感覚に強烈なエネルギーを持って突き刺さり、直視せざるを得ない現実として、地続きのインパクトを与えることになった。

「山羊が震える」という現象は、確かに起こりそうで起こらない、起こらないけど起こってしまうという、絶妙な日常性／非日常性の狭間に位置している。だからこそ夢見心地になるというよりは、引き受けるべき世界のあり方として、突き刺さる。この出来事は、偶然なのか、必然なのか。自然の現象なのか、超自然的現象なのか。人間の営為なのか、自然のなせる業《わざ》なのか。山羊が介在することで、僕は文化／自然というあたりまえの二項対立的な世界観をゆるがされ、宙ぶらりんな状態に飲み込まれていった。

目の前にある山羊の頭は、まだ何かを言いたそうに、緩慢に口を動かしていた。

ご馳走をつくるのに豪華なキッチンはいらない

祈り終えた僕らは祠を離れ、人々が集まる家屋に戻った。その後の作業は、あまりにもスピーディーに進んで行った。

山羊の胴体は、後ろ脚を紐で縛られ、木の枝に結び付けられていた。山羊が逆さまにぶら下げられている状態だ。男たちはキレの良い小型のナイフを山羊のお腹にスッと入れて、脚の周りの皮に切れ目を入れると、その後脚からズルズルッと見事に毛皮を剝いでしまった。そこから腹を破り、臓物を抜き出し、大きなお盆に入れる。

このお盆は女性たちが集まる場所に持ち込まれ、集まった女性たちは一気に仕分けを始める。腸の一本一本に水を入れながら、丁寧に汚れを洗い落とし、食材に変えていく。「アーンド」と呼ばれる山羊の精巣は、手際よく起こされた焚き火の中に二つとも放り込まれた。焼き上がったものは、今回の儀礼の主役である僕が最初に食べなければならないものらしい。黒焦げの山羊の金玉が剝き出しのまま手渡された。僕はそれにかぶり付いたが、臭みはほとんどなく、白子のようなとろみのある、なんとも美味な代物だった。あえていうなら、ちょっとずつ塩をかけて、ゆで卵のように食べたかった。

　男たちは次々と山羊を解体していき、気がついたら目の前には複数のお盆にいっぱいの細切れの肉が用意されていた。すごい。普段はダラダラとタバコを吸い、酒を飲みながら、終わることのない議論に身をゆだねているあのグータラな人々が、調理作業を、自然に、見事に役割分担をしながら、迅速に進めている。この人たちは、食欲には勝てないのか、それとも「調理」そのものが儀礼行為なので、厳粛に、素早く行われるものと考えられているのか、そのあたりはよくわからなかった。

　次々と焚き火が用意されていく。どこから持って来たのか、黄砂岩の塊が焚き火の上に3つ設置されれば、それが立派なカマドとなる。3つの石の間に、乾燥した牛やラクダの糞が入れられる。着火剤の役割だ。火がつくと枝や木材をくべ、火力を調整しながら、釜を石の上に上手に安置する。しっかり安定している。その周辺には、油やスパイス、調味料などが並べられ

山羊の毛皮を、手際よく剥ぐオジ。わかりにくいけど、しっかりドヤ顔。

た。そのような簡易なキッチンが、5つほどつくられた。野菜や肉を炒めたり、カレーを煮込むもの、炊き込みご飯をつくるもの、チャパティなど小麦の薄焼きパンを作るもの、臓物（オージュリー）の煮込み料理をつくるもの。暗くなり、冷え込んできた大地に、焚き火の温度と光、煮込み料理の香りが充満する。

この簡易キッチンにも、僕は衝撃を受けた。40〜50名はいるであろうこの大人数の食事を賄うのに、巨大な厨房は必要ない。そう、必要なのは3つの石と、燃料である動物の乾燥した糞と薪、そして肉と野菜を切るナイフと煮込み用の大きな鍋だけだ。三口コンロもIHヒーターもアイランドキッチンも、食器洗い乾燥機も炊飯器も電子レンジもオーブンも、何もいらない。人工物は、ナイフと鍋と、最初に着火するためのマッチだけだ。なんとシンプルで、なんとダイナミック。そこから、またたくまに美味な料理が次々と創造されていくのだ。その美味《うま》さたるや、筆舌に尽くしがたいものだった。供犠を終えた、目の前で殺された山羊をいたむ気持ちはなくはなかったが、新鮮な山羊肉とはこんなにも美味しいものなのかと、ただただ驚愕と感謝の気持ちで、胸と腹をいっぱいにさせたのだった。

食事を終えて手の空いた人々は、焚き火を囲んで座り込み、思い思いにグラスに入れた酒を用意し、飲み始めた。僕は慣習に従って、ポケットに入れていたタバコとマッチ箱を隣の男性に渡す。すると男性は一本だけタバコを抜き、マッチで火をつけると、吸い口に唇が当たらないように手の親指の付け根にタバコを握るように固定すると、シュッと煙を吸い込んで、プハーッと吐き出した。その一本のタバコは、次の人に回され、同じようにプハーッと煙が宙を舞う。その仕草が、なんとも愛おしい。一本のタバコはシェアされるべきものなのだ。

一連の儀礼行為が終了し、酒も入り、男たちは饒舌になっていた。タバコを回し、酒をちびちびやりながら、楽しそうに話をしている彼らの姿を見ながら、ああ、これこそ真の「タバコミュニケーション」だ、などと感心してしまった。彼ら同士の対話は全くわからなかったが、カタコトのヒンディー語と無理やりな英語を駆使しながら、彼らの僕に向けられた質問攻撃は、夜が更けても続くのだった。

奇跡をめぐる真偽？

これが、女神と山羊にまつわる、小さな奇跡譚である。その後、この地に通い続けることになった僕は、この山羊の憑依儀礼を何度も繰り返し見ることになったので、今ではなんとなく「あたりまえ」のことになっている。山羊の「憑依」（震え）は、その現象が起きるまで数時間かかる時もあれば、数分であっという間に起こってしまうこともあった。どのくらい時間がかかろうと、男たちは、その事実を「あたりまえ」として捉え、淡々と儀礼行為を遂行するのだ。

ちなみに僕はこの初めての経験の後、山羊が日常的に震える瞬間があるのではないかと、動物行動学のフィールドワークよろしく、飽きずに山羊を観察し続けた。しかし、山羊のそのような瞬間を捉えることは、いまだにできていない。これは癖みたいなもので、やっぱり僕は、この現象には「からくり」があるのではないか、という気持ちを抑えられないでいた。

一方で、「本当にそうなのかもしれない」という気持ちも湧き上がってきていたし、どちらでも良いではないか、という感覚もあった。女神の飛行音と同じだ。その説明の仕方——女神が山羊に憑依すると、その兆しとして山羊が震える——が「真実」であるのかどうか。そんなことはどうでもよく、それほど大切なことではない、という気持ち。

少なくとも僕は、そのような説明のもと、そのような現象を目の当たりにし、心をゆさぶられた。そして人々に絶大な影響力を持つ女神の存在を、少なからず感じられたような感覚をもった。それは、「真実」かもしれないし、間違った知識に基づいた「迷信」なのかもしれない。仮に、山羊を専門とする生物学者が、「長時間のストレスをかけると」「定期的に水をかけると」「山羊は一時的に震えることがある」などという、もっともらしい説明をしてくれたとしても、彼ら（そして僕の）心は動かされない。世界のあり方を説明する原理は、複数あっても良いはずだ。

そして、「山羊に女神が憑依した」と説明してくれる彼らの論理や感覚は、彼らを勇気づけたり、生きる活力を与えたり、生き方の指標を示してくれたりするのだから、それで十分じゃないか。真偽の問題より、山羊を媒介とした自然／文化、この世／あの世などという対立を一気に解消してしまうような、さまざまな要素がせめぎ合い、混ざり合った「ゆらぎの空間」の持つ意味に対して、そしてその生き生きとした空間の「力」に対して、僕はもっと注視し、僕自身が生きていくためのヒントを見出した方が、ずっと有益なのかもしれない。何せこの世界は、「全てよし（Aal Izz Well）」なんだから。[28]

ウィッチドクター（呪医）とサソリ

本章のテーマ上、もう一つ触れておきたいストーリーは、サソリにまつわるお話だ。

僕が生活を始めたパーブーの実家の300メートルほど離れたところに、隣家があることは以前に述べた。僕はこの地での生活が始まって早々に、この隣家に住むナクター爺さんとクリパーおじさんに水浴びの仕方で怒られたのだった。

このナクター爺さん、どこにでもいる短気な老人だと思っていたら、大間違いだった。実は、このタール沙漠中でその名を轟かす、サソリの毒治療の名医なのだ。医師といっても、近代的な医療を行う病院を経営しているわけではなく、個人的な呪力を用いて治療を施す、いわゆる「呪医witch doctor」なのだ。

僕がこのジャイサルメールに滞在していたのは

サソリの呪医、ナクター爺さん。アーミー・ジャケットでオシャレに余念がない。

9月の終わり頃。雨季の真っ盛りで、サソリがよく出没し始める頃だ。そんなわけで隣家には、ラクダに跨ってやってきたり、トラクターで運ばれたりしながら、サソリに刺された「患者」がよく訪れていた。隣家からは「ぎゃああー!」だの、「ヒィィィー!!」だのという叫び声がよく聞こえてきて、それは寝静まった真夜中だと、女神の通過音も吹き飛ぶ強烈な反響になって沙漠一帯に響き渡っていた。

僕はある日、隣家の爺様たちと焚き火を囲んで酒を飲みながら、つい好奇心から「今度サソリの治療を見せてよ」とつたない言葉で見学を申し出てしまった。最初は渋っていたナクター爺さんも、「邪魔にならないように、端でひっそりと観察するくらいならいい」と承諾してく

28

人間が、客体化された「自然」を説明し尽くそうとする構えを「近代的自然観」とすると、人と自然の境界が曖昧で、双方のエネルギーや能力が相互交渉されている(山羊と人間と超越的存在の相互交渉がみられるといった)世界における世界観は「民族誌的自然観」と呼ぶことができる。人類学者、寺嶋秀明は、前者は後者を「空想」と片付けてしまう「分断」の力を持つ人間中心主義的な思想として警鐘を鳴らし、後者に関して以下のように表現している。僕の好きな文章だ。

人間が生きる世界のすべてを、精神世界もふくめて「現実」というならば、卓越した想像力によって駆動され、人びとの行動に大きな影響を及ぼすこの世界を無意味として切り捨てることはかえって非科学的である。自然はたんなる資源とするにはあまりにも豊かな意味に彩られている。自然は汲み尽くすことのできない生命力と知的エネルギーの宝庫であり、我々の想像力の源泉である。そして想像力なくしては、近代科学も成立しないのである。

――寺嶋秀明「鳥のお告げと獣の問いかけ」河合香吏編『生きる場の人類学』(京都大学学術出版会、2007)より

れた。ノリでお願いしてしまったが、あんまり渋るので、ますます見たくなってしまったのだ。

その日から3日後、僕は遠くから近づいてくるトラクターの音をかすかに感じながら、屋根の上の寝床でウトウトしていた。時間を見ると、すでに夜中の1時を回っている。トラクターのバタバタと唸るエンジン音にかき消されていたが、ナクター爺さんの家の前で止まってエンジンが切られると、若い男性の絶叫が聞こえてきた。

おぉ〜〜リィ〜〜〜!!　おぉ〜〜リィ〜〜!

野太い声とファルセット（裏声）が交互に忙しく入れ替わる、なんとも奇妙な叫び声である。ついに来た。僕は約束を思い出し、サソリの治療を覗かせてもらうべく、眠い身体に鞭を打って起き上がり、屋根から壁をつたって恐る恐る地面に降りた。つっかけたサンダルに降りかかる冷たい砂が気持ちいい。月は半月だったが、僕は少しずつ沙漠の夜の月光で歩く術《すべ》を身につけ始めていた。

隣家に近づくと、青年らしき人物の奇妙な叫び声が近づいてくる。両手両足をそれぞれ抱えながら、4人の男たちが泥造りの小屋の中に患者らしき青年を運び込んでいるところだった。

小屋の中は、部屋の中央に置かれた小さな素焼きのテラコッタ製オイルランプがかすかな光を発しているだけで、全体像がクリアに捉えられない。若者は、運ばれてきた状態のまま、両手両足を部屋の床に押し付けられていた。まるでそこから逃れようとしているかのように、青年は腹や背をよじりながら唸り声を上げ、バタバタともがいていた。

サソリに刺された患部は、左足のくるぶしのちょっと下あたりのようだ。ナクター爺さんは若い患者の前にドッカと座り、その周辺には指示されるままに忙しそうに動き回るクリパーおじさんの姿があった（彼は息子にして医療補助員なのだ）。

女神の降臨、再び

ナクター爺さんの手元には、長い長いターバン用の布が渡される。爺さんはそれを器用にくるくるとよじり、寝癖のひどい白髪頭にキュッキュッと巻き付けていく（ターバンは寝る時は取るものなのだ）。白いゆったりしたクルターに、巻き終えた緑色のターバンがよく似合っている。そうか、この人、「医者」なんだ、と感じた。普段とは違う威厳をまとっている。

あぐらの状態で腰をググッと伸ばし、クリパーおじさんから手渡された赤い布の断片を、巻いたばかりのターバンの中に押し込む。この赤い布はマーラン・バーイーの神像に巻きつけてあった布で、女神の「兆し」が詰まった、特別な霊力を持つ布なのだ。

オイルランプの灯りに目が慣れ、青年の顔が少しずつ明瞭に見えるようになってきた。なかなかの美男子である。歳のころ、16〜18というところか。鼻がスッと通った、刈り上げ頭がよく似合うイケメンだ。しかし、こらえられない程の激痛が、彼の整った顔を時にぐしゃぐしゃにし、目からは涙、鼻から鼻水、口からは涎を垂らすという、なんとも台無しな状態。口からは相変わらず低音なのか高音なのかわからない、奇妙な呻き声を発している。狂犬病にかかった犬みたいだ。

爺さんは、あぐらの姿勢で背筋を伸ばし、静かに目を閉じ、聞こえるか聞こえないかのような声でブツブツと何かを唱えている。僕は言われた通り部屋の端っこにしゃがみ込んで、緊張感を持ってその様子を見守っていた。静けさの中に、青年の呻き声だけが響いている。

その状態でどれほど経ったのかわからないが（おそらく10～15分ほど）、爺さんの様子に異変が生じてきた。両脇にだらりと垂らしていた両手の小指が、ピクピクと痙攣し始めている。それと同時に、頭がプルプルと震え出していた。しまいにはヘッドバンギングよろしく、ぐわんぐわんと首が回り出した。首を回すたびに、爺さんはシュッ！　シュッ！　と口から音を出している。憑依だ。憑依に違いない。きっと赤い布を「依代《よりしろ》」として、女神が降臨し、爺さんに取り憑いているのだ。

首をぐるぐる回している爺さんに、クリパーおじさんはザラメの砂糖を手渡した。爺さんは手にザラメをこんもりとのせ、首を回しつつ、青年の足に目掛けてその手を振り下ろしたかと思うと、手をぐりぐりと動かしながら患部にザラメを擦り付けはじめた。周辺に飛び散るザラメという視覚効果と、この世のものと思えない青年の叫び声のコラボレーション。

ぎょわおえああああーー！！！！！

青年はあらぬ限りの力を使って、押さえつけようとする男たちから逃れ、ごろごろと床をのたうちまくっている。男たちは「押さえろ!!」と叫びながら、また青年の手足を掴み、地面に固定した。そりゃ、痛いよな……。苦しかろう……。僕は、まるでその痛みが自分に襲ってきたような感覚に陥り、心臓が張り裂けそうになりながら、その荒療治の行方を固唾を呑んで見守った。

次に、クリパーおじさんが、どこから持ってきたのか、キメの細かいサラサラの砂を持ってきて、患部にかけ始めた。何度かに分けて両手で運ばれてくる砂は、水のようにスゥーッと指の脇からこぼれ落ち、足元に緩やかに溜まっていく。この砂は儀礼用に保管されている、浄性の高い特別な砂なのだという。これにはあまり痛みを感じなかったようで、青年は暴れることはなく、ただゼイゼイと息を切らしていた。仰向けにされた青年の額からは、とめどもなく汗が吹き出していた。

いつの間にか青年の足にはこんもりと砂の山ができあがっていた。爺さんの頭の動きも緩やかになっていて、砂が積もり始めてからは激しい動きはなくなっていた。その手には、ピンと張った藁をしっかり束ねた箒《ほうき》が握られている。クリパーおじさんが渡したのだろう。爺さんはその箒で砂の山の麓から頂に向けてスゥーッとかきあげるような仕草を繰り返しながら、今度はそれなりに大きな声で呪文のようなものを唱え始めた。

ウ〜ルゥるるルゥぅ〜〜うおぅ〜〜るルぅ……

このようにしか表現できない呪文の音階と、さかった野良犬のように「グルぅるるう」と断続的に唸る青年の声がシンクロし、絶妙なバイブスが生まれていた。狂気のデュエット。

この「う〜ルゥるる〜」な時間は、随分と長かった。僕は暗い部屋の隅っこで体育座りをしてその様子をうかがっていたが、この緩慢で退屈な時間に耐えきれず、顔を膝に埋めて少し眠ってしまった（そう、長時間続く儀礼などの際に、たいてい集中力が持たず、座り込んだり眠ってしまったりするような、フィールドワーカーとしてはあるまじき態度を取る人類学者。それが僕）。そのため、その後どのくらい「う〜ルゥるる〜」な時間が続いたのかはわからないのだが、全ての儀礼行為が終わったのが夜中の3時過ぎだったので、きっと1時間ほどは続いていたのだろう。

そう、全ての儀礼行為は、突然終わりを告げたのだ。

そのきっかけは、青年だった。

「ナクター爺さん、もう大丈夫だ」

そう青年が話し出し、それを聞いた周りの男性たちが身体を押さえていた手を引っ込めると、青年がスッと立ち上がったのだ。患部のある左足を、地面にトントンッと打ち付け、問題ないと判断したのか、爺さんの元に近づいて足に触れ、リスペクトを込めた挨拶をした。付き添いの男性がポケットから紙幣を出して爺さんに手渡すと、他の男たちとともに颯爽と歩き出し、この家を出ていった……。

家の外では男たちの談笑が続いたかと思うと、トラクターのエンジン音が始まり、そしてそれはゆっくりと遠ざかっていった。爺さんは一仕事終えた、と安堵の表情を浮かべ、カポッとターバンを外したかと思うと、「寝るわ」と言って奥の部屋に入っていった。クリパーおじさんは、もうすでにいなくなっていた。

第7章　「あわい」に生きる

「あるかもしれない」と「ないかもしれない」の間

この眼前で起きたことは、いったいなんだったのか。

僕は屋根の上の寝床に潜ってからも、しばらくモヤモヤを言葉にしようとあがいていた。山羊の供犠といい、サソリの治療といい、そこに起きた現象は、これまで自分が触れたことのない奇妙かつ広大な異領域へと、僕を誘うものだった。僕はそれを、当初は「本当なのか」「本当ではない（嘘）なのか」という二分法で捉えようと必死になっていた。それは、信じるか、信じないかという選択を迫られているような、どっち付かずでは許されないような、そんなプレッシャーを感じていたからだ。

お前は、「科学」寄りの「合理的」な人間なのか、「迷信」と「虚構」が支配する「非合理的」な世界の人間なのか——。

僕らには、何か得体の知れない出来事に触れた時、このどちらのポジションを取るか決めなければならないような思考回路が、強制的にインストールされている。きっと、この話を読んでいる方も同様に、ここまで綴られてきた「超自然的」な出来事を前に、どのようなスタンスを取るべきか悩んでおられると思う。ストーリーを語っている僕自身が一番その立場を決めかねている人間なのだから、当然だろう。

そして僕は、そのようなポジションを確定するための努力を、やめた。このことは山羊の供犠の話の時にも少し触れたが、それが「本当」であるか否かという問題は、あくまでも僕自身の世界認識をゆるがすものであり、彼らがその超自然的な力を生活にうまく組み込みながら豊かに生きているという事実には、なんら影響を与えるものではないのだ。僕が彼らに、「そんなわけないだろう！」と叫んだとしても、一笑に付されるだけだ。そこには、「女神の力」を「あたりまえ」のように感受している人々がいて、その認識の上で世界を構成している人々の営為を前にして、ただ狼狽《うろた》えている僕がいる、というだけだ。ならば、意固地に自分のポジションを確定する作業に専心するのでなく、そのようなものとして世界を捉えてみたらどうなるだろうと、視点をズラしてみるのもいいかもしれない、と思った。

僕の持つ世界認識と、彼らが共有しているであろう世界認識が混ざり合った時、「かもしれない」という曖昧な領域と、その空間の持つ可能性が広がるような気がしたのだ。

「生きる」と「生かされる」の間

山羊の供犠の話と、サソリの治療の話は、少し位相が違う、と思う。山羊に女神が憑依したかどうかは、あくまでも人間の「解釈」の問題だ。山羊の震えが女神の憑依を表すと設定したのは、あくまでも人間だからだ。そのようなものとして語り継がれてきたし、そのようなものとして「解釈」されてきた、という話だ。

しかし、サソリの治療の話は、そんなにシンプルなものじゃない。女神の憑依という、超自然的な力によって行われた治療行為は、悶絶するほどに苦しんでいる青年を「何もなかった」かのような状態に転換してしまったのだ。

熱帯医学の分野では、サソリの毒が起こす症状を、以下のように説明している。

サソリに刺されると激痛と局所の炎症が生じ、次いで同部の乾性壊疽《えそ》が起こる。時おり意識障害、呼吸器と循環器の障害といった全身症状を認めることがあり、治療を怠ると昏睡や不可逆性のショックで死亡することがある。

ＡＭＤＡ熱帯医学データベースより

サソリ、恐るべし。抗サソリ毒血清が早急に注入される必要があるようだが、ザラメとさらさらの砂でどうにかなるようなものではないだろう（西洋医学的には）。

世界には、患者の身体に女神の超自然的パワーが注入されることで、「毒を消し去る」ことができる、という考え方を大切にしてきた人々がいる。そういうことだ。ナクター爺さんは、その力を女神が発揮できるようにするための、媒介者として、特殊なスキルを鍛え上げてきた。そうやって爺さんは、多くのサソリ毒患者たちを、長いこと「治癒」し続けてきたのだ。

そうなると、これはもう、解釈のレベルの話に止まらない。そこでは、論理や解釈を超えて、身体が答えを出しているのだ。身体が捉える痙攣、腫れ、激しい痛み——それらの現象が、（少なくともその場では）消えてなくなる。つまりその場では、実体と観念、具体と抽象、身体と精神という二分法を超えて、双方がせめぎ合い、混ざり合い、そして、溶け合っている。そのことに僕は、驚愕する。


「宗教は考え出されたものではなく、踊り出されたものだ」

マレット・R．著、竹中信常訳『宗教と呪術—比較宗教学入門』（誠信書房、1964）

比較宗教学者であるマレットはこのように表現し、知性や認識論で宗教現象を捉える発想を退け、身体を通じた実践論へと宗教論を展開していったことで知られている。僕らはきっと、全てのことを「知的」に理解しなければならないと、脅迫されてきたのかもしれない。この「知性」への信仰が、「ある／ない」「信じる／信じない」の二分法を生み出し、僕らを苦しめてきた。なぜなら、世界にはその「間《あわい》」に起こる、不可解な現象で溢れているからだ。この苦しみから逃れるために、僕らは、「あるかもしれない／ないかもしれない」の間で、身体が踊り出すのを待てばいい。痛みがなくなったと笑顔で帰る青年の、その清々しい後ろ姿を、喜びをもって送り出せばいいのではないか。

「全ての原因を突き止めろ」でもなく、「考えるな、感じろ」でもなく、「世界と踊れ」。

踊る身体は、能動的な行為と受動的な行為の間に位置づけられる。最高にイカした音楽が鳴り響けば、リズムに合わせて身体を動かしたくなるものだ。そこは、踊っているのか、踊らされているのか、曖昧でよくわからない世界だ。

生きているって、そういうことなのかもしれない。僕らは「生きている」と「生かされている」の間に漂う存在なのかもしれない。

僕は少し肩の荷が下りたような気がした。きっと沙漠で生活しているこのトライブたちは、そのことをよく知っている。だから、人知では捉えることのできない（つまり「わからない」）世界と対話を繰り返しながら、その世界の「兆し」の断片をかき集めながら、生活に取り込もうと長い長い歴史を刻んできたのだろう。

愚かさを捨てろ

サソリ毒の夜から、僕の中ではナクター爺さんに対する崇敬の念が定着してしまった。いつも酒を飲みながらグダグダと愚痴を言っているだけの、どこにでもいそうなダメ老人として映っていたのだが、それはとんでもない誤解だった。彼はとてつもないスキルを持った、シャーマン[29]なのだ。

ある日僕は、ナクター爺さんに尋ねてみた。

爺さん、どうやったら女神の力を使って治療ができるの？　それは訓練すれば僕にもできることなの？

爺さんはニヤリと笑って、一言だけこういった。

29　神や精霊との直接接触からその力能（りきのう）を得、神や精霊との直接交流によって託宣、予言、治病、祭儀などを行う呪術・宗教的職能者。

チョーロー・ニー・ムールカーイー！（छोड़ो नी मूरखाई）

この言葉はその後、Aal Izz Wellとともに、僕のインドとの接し方（そして僕の生き方）を決定づける大きな力を持ち続けることになる。しかし、うまいこと日本語にできないのだ。直訳すると、「その愚かさを捨て去れ」くらいになるだろうか。しかし、この「愚かさ（ムールカーイー）」がよくわからない。何をもって、愚かと考えるのか。

このムールカーイーに関して、僕はいろんな人に話を聞いた。どんな状態がムールカーイー（愚か）なの？　すると、人によって「くだらないプライドのことさ」とか、「世界が見えていないということさ」などと、千差万別の答えが返ってくる。愚かさの解釈にも、ダイバーシティがあるようだ。

業を煮やした僕は、もう少しこの言葉「チョーロー・ニー・ムールカーイー」の真意を説明してもらうべく、相変わらず違法な酒をちびちびやっているナクター爺さんに尋ねた——爺さん、もうちょっと教えてくれよ。

すると爺さんは家の中から背の高さほどもある巨大な弦楽器ヴィーナーをとってきて、焚き火の前にどかっと座ると、シャラシャラとその繊細な音のする楽器を静かに響かせながら、爺さんのものとは思えない透明感のある声で、ゆったりと歌い始めた。

僕は、突然始まったリサイタルに、そのあまりにも美しい音色に陶酔し、時が経つのも忘れて身体をゆらし続けた。気がついたら、そこにいる5〜6人の男たちが、全員目をつむりながら同じメロディーを口にしていた。なんと抑えめな、静かな合唱なんだろう。この歌は、誰でも歌えるものなんだな。そしてハッと気づき、僕は慌ててポケットに入れていたICレコーダーの録音ボタンを押した。爺さんの歌が始まってから、少し時間が経っている。あまりにも遅い対応に、自分に嫌気がさす……（良い子のフィールドワーカーは、どんな状態でもすぐにデータが取れるように意識しておきましょう）。

「自律」と「他律」の間に身を投げ出す

この名もなき美しい旋律の歌は、何度も同じフレーズをリフレインするもので、くだんの「チョーロー・ニー・ムールカーイー」が何度も登場するのだ。なるほど、爺さんはこのフレーズの意味を直接教えるというより、歌を聞かせることで、その文脈から捉えよ、と言っているのだ。

以下、歌詞の文字起こしをして、パーブーとともに解釈したり訳そうと試みた成果をご紹介したい。それにしても、難解な歌なのだ。ニュアンスが伝わってほしいのだが……。

（※リフレイン部分）
時はいつも過ぎ去ってしまう、友（キョウダイ）よ
心を無にして聞きなさい
時はいつも過ぎ去ってしまうのだ
神（ラーム）の名（ナーム）が指し示す道を進みなさい
そして、愚かさを捨て去りなさい（チョーロー・ニー・ムールカーイー）

おぉ、賢い友よ
私が最初にこの世に生を受けた
そして私の後に兄が生まれた
鳴物入りで父が生まれ
そして最後に母が生まれた

（※）時はいつも過ぎ去ってしまう……

おぉ、賢い友よ
最初にヨーグルトが出来上がった
そして牛の乳搾りが始まった

牛がまだ乳を出さないうちに
バターが高額で取引された

（※）時はいつも過ぎ去ってしまう……

おぉ、賢い友よ
旅人は歩きつづけ
道はすっかりくたびれてしまった
老婆はうたた寝をし
美しいベッドはいびきをかき始めた

（※）時はいつも過ぎ去ってしまう……

おぉ、賢い友よ
蟻は彼女の新郎の家に向かう
片手には持参財（ダーウリー）の化粧粉を九袋と
もう片手には象をのせて運び
その腕にはラクダをぶら下げて

（※）時はいつも過ぎ去ってしまう……

おぉ、賢い友よ
まだ生まれていない赤子はよくしゃべる
生まれたばかりの子は口をきけない
カビールは言った
世界を知ろうとする人々よ
愚か者は何もわからない

（※）時はいつも過ぎ去ってしまう……

（続く）

……これは、いったいなんだ？　何を歌っているんだ？　カビールって誰だ？　両親より自分の方が早く生まれてるだって？　蟻が象やラクダを運ぶだって？　生まれる前しか子どもはしゃべれないって？

なんだか頭がクラクラする。全てが、ちぐはぐだ。先に来るものと後に来るもの（父母と子どもたち）、素材と製品（乳とヨーグルト／バター）、人間と環境（旅人と道、老婆とベッド）、大きなものと小さなもの（蟻と象／ラクダ）、人間の発達と能力（出生前後の子と発話）、これらが僕らの持つ通常の認識や因果関係とを反転させながら、襲いかかってくる。世界があるべき場所から引き剝がされ、ひっくり返される。あらゆる「あたりまえ」——僕らが知覚・認識するもの、僕らが考える原因と結果、僕らが捉える配置や順番の正しさが、「本当にそうなのか？」と迫ってくる。君はそのままそこにいていいのか？　時間だけが過ぎていってしまっていいのか？　そんな問いかけが、この歌には詰まっている。

では、ここでいう、僕らが捨て去らなければならない「愚かさ」とは何なのか。これにはさまざまな解釈があっていいと思うけど、「あたりまえ」の世界に安住し、与えられた「正しさ」をただ鵜呑みにしながら、自分の目で世界を見て、自分の足で歩こうとしない、そんな生き方のことを言っているのかな、と僕は思った。ニーチェが厳しく批判した「末人《まつじん》」的な生き方と似ていて、創造性を失った、他律的な生き方のことなのかもしれない。生きているのではなく、生かされているような状態。そのような人々は、ただ命を浪費し、流れる時間を無駄にしている。だから、時はいつも簡単に過ぎ去ってしまう。

ならば、僕らはどうすればいいのだろう。ニーチェが可能性を見出した「超人」的な生き方、すなわち「自分の意思で、自分の選択で、自分の人生を切り開いていく」ような生き方が、目指されるべき道なのだろうか。

いいや、そうではない。この歌は、「心を無にしろ」「神の名が指し示す道を進め」といっている。ここがなんとも、面白い。

他律的に生きるのではなく自律的に生きろ、という歌ならば、「自分を信じろ」とか、「世界を創造するのは君だ」なんて歌詞が入っていてもいい。でもここでは、「心を無にしろ」という。無にするとは、考えて行動するのではなく、ただ世界に身を投げ出す、ということだ。投げ出して、進むべき先は、神の名が指し示す方向だ。

神の名が指し示す方向――それって、聖書や経典に書かれているように、「皆さん、正しい方向はこちらですよ、まっすぐ進んでください」というように、明文化された「正しい」生き方のことなのだろうか。なんだかそれも違う。ここでは、既存の世界認識を破壊し、心を無にし、投げ出すことが重視されている。「神の導き」ではなく、「神の名が指し示す方」というのは、「生きる」と「生かされる」、「歩く」と「歩かされる」の間、自律性／他律性、能動性／受動性の間で、「神の名」の響きとバイブレーションを感じながら、踊り出すのを待つ、ということなのではないだろうか。そう、山羊が震えるのを、女神が憑依するのを、サソリの毒が消えてなくなるのを待つように。

爺さんが何を伝えようとしたのか、僕なりの勝手な解釈ではあるが、何となくわかった気がした。爺さんは、踊り出すことができる人なのだ。心を「無」にした状態に向けて身体を投げ出すことを知っている人なのだ。あの場所で爺さんは、施術者ではなく、女神に自身を投げ出した、「媒介物」だったのだ。

そんな彼に、まるでテストの正解を聞くように、「どうやってやるの?」などと安直に方法を尋ねた僕に、爺さんは「愚か者」と言いたかったのだろう。爺さん、難解な宿題だったよ。禅問答に通じる、強烈なインパクトだ。

愚かさを捨て去りなさい（チョーロー・ニー・ムールカーイー）

今唱えてみても、とんでもない深淵なフレーズだ。なんとなく頭で理解できたとしても、それを実践するのはまた大変そうだ。僕にできるかどうかわからないけど、これまで自分が信じてきた世界を疑いながら、僕なりの「神の名」のバイブレーションを感じながら、少しずつ歩んでいくことにするよ。爺さん、ありがとう。

常識も正しさも超えた「真理」の世界

さて、最後の宿題が残っていた。歌詞の最後のほうに登場する、「カビール」って誰だ?という問題だ。僕は帰国後、随分とこのカビールの情報を求めて、右往左往した。まだパソコンが大衆に普及し始めたばかりの90年代後半。簡単に情報が検索できる現代とは違う。インド哲学の専門家に聞いて回ったり、方々の図書館まで足を延ばして、その思想の断片でも理解しようと努めた。

カビール。15世紀に活躍した、中世の詩人、宗教家。その生涯は謎に包まれているが、バラモン（聖職者）の私生児として生まれ、社会的にも底辺に位置付けられる貧しいイスラーム教徒の織物職人の家で育てられ、生涯この織工の仕事を続けたという。教育を受けることもなく、文盲であったとされるが、のちにヒンドゥー教でもない、イスラーム教でもない、独自の一神教を唱える宗教改革者として、その名を轟かせることになる。

カビールの生きた時代は、さまざまな宗教や思想が入り乱れた時代だった。西方よりやってきたイスラーム神秘主義や、一般のヒンドゥー教徒に広く膾炙《かいしゃ》していたバクティ思想などが絡み合い、独自の信仰形態や教団が次々と生み出されていった時代だ。

バクティとは、「神」に対して、肉親に対するように深い愛の情感を込めつつ、絶対的に帰《き》依《え》をすることをよしとする思想で、「信愛」などと訳されている。カビールもこの思想に深く影響を受けつつ、多様な宗教思想を取り入れながら、独自の「バクティ」概念を構成し、深めていった。それが「ニルグナ・バクティ」と呼ばれるものだ。

ニルグナとは、「無属性」を意味するとともに、「現象性の超越」を意味している、と説明される。なんだかわかりにくいが、信愛の対象となる存在の、一切の物質性や人格、（偶像などの）形象を認めない、ということ。神は、世界中でいろいろな形を取ったり、さまざまな記述や個別の呼び名で、あちこちに現れている。アラー（イスラーム教）だのビシュヌ神（ヒンドゥー教）だの、イエス（キリスト教）だのは、その一つだ。

カビールに言わせると、それらは「たったひとつのもの」がいろいろな姿で現れているだけであり、「神」は寺院の中や天界にいらっしゃるのではなく、その唯一無二の存在は、それぞれ個人の中に存在する、絶対的な真実だというのだ。だから、神話に描かれるような、人格を持った神々（ヴィシュヌ神とか、ラーマ王子とか）に対する焦がれる思いを信仰のベースにしたそれまでのバクティ思想とはだいぶん異なる、新たな宗教運動につながっていった。そこではシヴァ派だろうがビシュヌ派だろうがイスラーム教徒だろうが、関係ない。誰もが参入でき、誰もが追求できる、普遍にして究極の存在への信仰が説かれていた。そしてその存在は、どんな人の中にもいる／ある、という。

では、「個人の精神」こそが最も尊いのかというと、そういう話でもない。それは普遍的なものでありつつも、個人の心の奥底に潜む、頑張って耳をそばだてないと聞き取れない声のようなものだ。唯一の真実＝神は、自分の心の奥にひっそりとお隠れになっている。宇宙に偏在しつつ、個人の内奥にも潜む神。僕と宇宙は、同じ真理でつながっている。ヒンドゥー教や仏教の入門書に出てくる、「梵《ぼん》我《が》一如《いちにょ》」にも通じる発想だ。つまり、個人を支配する原理（アートマン＝個我）と宇宙を支配する原理（ブラフマン＝梵）が同じものであることを知ることが、永遠の至福に到達するための道である、という考え方である。スケールがでかい！「自分を信じろ」「個性を磨け」「君にしか見えない世界がある」「一人の命は地球より重い」などと吹聴してきた近代的個人主義とは、似て非なるものだ。自分は宇宙であり、宇宙は自分なのだ。
ではどうやって、この形にならない、人間の奥深くに潜んでいる存在に、信愛の念を抱けばいいというのか。具体性が無さすぎて、なかなか大変そうだ。祈りの対象に向かうためには、僕らは現象世界（目に見える現実世界）のあり方から距離を取らなければならない。

しかし調べたところによると、どうやらこの存在、唯一と言ってもいい、出現の仕方がある。それが、「名」であり、口に出された時の「音」の響きなのだ。必要とされるのは、ただただ神の名《ラーム》を唱え、心に念じ、その音のバイブレーションを感じ続けること、とある。生まれに関係なく、誰もがすることのできる実践だ。そのため、一切の身分制度を否定し、聖典や礼拝など確立した宗教の所作や権威は全て否定されることになる。それはそうだろう。神は自分の中にあるのだから。

カビールは、僧侶や遊行者《ゆぎょうしゃ》にならず、織工の仕事を生涯続けながら、自らの内なる神の名を唱え続けた。どんな職業に従事しているか、どんな社会的ステータスを保持しているか、どれほどお金を蓄えているか、そんなことは一切生きることと関係ない。そんなものに固執していることこそが、「愚か者」たる所以だ。内なる神秘の声と「名＝ナーム」の響きがもたらす導きこそが、全て。だから、現象世界の出来事に一喜一憂しながら右往左往している人々を、その苦しみから救うことができる。

「常識」や「他者の評価」「正しさ」にがんじがらめになっている時は、確かに苦しい。でも表層的な現象に対する因果関係や説明原理なんて、ただのマヤカシだ。そんなものを鵜呑みにして、世界がわかったような顔をして、日々を無為に過ごすなんて、なんて愚か者なんだ（自戒）！

真実は寺院や偶像や経典にはない。あなたの心の奥にこそ存在している。あぁ、いい成績を取ったり、より名の知れた大学進学のために貴重な青春期を浪費し、大学に入ってからもうまく人間関係が構築できずに知識ばかりひけらかしプライドを保っていた過去の自分が、なんだかとても愚かで、恥ずかしく思えてくる。そんなことをしたところで、自分の持つ不安や孤独感から救われたことなんて、なかっただろうに。

カビールは、こうした内なる神の存在を多くの大衆に理解してもらうべく、膨大な数の詩歌を作り続けた。「チョーロー・ニー・ムールカーイー」の歌は、どこまで正統なカビールの詩歌か、実はわからなかった（カビールの宗教詩集『ビージャク』でも見つからなかった）。しかし、彼の思想の真髄が深く刻まれた、ずいぶん長いこと歌い継がれた貴重な歌なのだろう。

カビールが生涯を過ごしたワーラーナシー（ベ

ヴィーナーを奏で、讃美歌を歌う弟君（三男）。彼も素晴らしい歌い手さんだ。

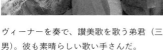

ナレス）は、今日のインドではウッタル・プラデーシュ州に位置し、このジャイサルメールの沙漠からは1500キロほど東に行った地である。これほど離れた場所で、子どもから大人まであたりまえのように歌うことのできる状態で、彼の詩歌が歌い継がれてきたかと思うと、目《め》眩《まい》がしそうだ。おそらくカビール派のバクティ信者（バクタ／バガット）たちが、遊行の末にこの地に歌い伝えたのだろう。それが600年もの時を超えて、沙漠の辺境のトライブの人々の美しい歌声となって現れるというのは、なかなか壮大な歴史スペクタクルだ。それだけ人々の心をとらえて離さない歌詞と旋律なのだろう。それはもう、僕の心ですら鷲掴みにされるわけだ。

僕はこの後、このバクティ信仰のラージャスターン州での広がりや、そこで起きたさまざまな宗教改革運動の勉強にどっぷりハマり込み、それがのちに修士論文に繋がった。このインド初訪問から、7年くらい後のことだ。それくらい、僕はこの思想に心惹かれてしまった。その最初のきっかけは、ナクター爺さんの歌だったのだ。

「自分壊しの旅」、その後

そして、時間は本書のプロローグへと流れていく。覚えてます？　そう、パーブーが語り始めた、あの「ゆらぎ」の話に。そして、別離の時間に。

あの夜の翌日、僕はパーブー一家と別れを告げ（パーブーの母と末っ子の弟はオイオイと泣いていた）、長距離列車の寝台で長い一晩を過ごし、デリーに到着した。寝台列車の夜の隙間風にやられて、少し鼻風邪を引いてしまったうえ、翌日乗った飛行機内のエアコンがキツくて風邪を悪化させ、成田空港に到着した時にはゾクゾクと震えが止まらず、帰国後しばらく療養することになった。数日間、強い下痢と高熱にうなされることになったのだ。泣き面に蜂だ。最後の最後まで、容赦のない旅だったと、今では思う。[30]

こうやって当時の旅のハイライトを書き綴って思ったのは、なんともいい体験をしているな、ということだ。「思い出補正」というやつかな、とも思う。孤独との戦いや、つらい出来事もたくさんあったし、心が休まる暇もない怒涛の日々だったが、そこでの経験が全て、一つ一つ、今の自分の中に息づいていることを実感する。パーブーやナクター爺さんをはじめ、多くの人との出会いが、僕の今の研究や生き方にも、大きな影響を与え続けている。

でも、当時はそんなに素直に捉えられなかった。ある意味インドでの日々は苦行のように感じられていた。穏やかでのんびりした時間を過ごしたくてたまらなかったし、油っこさとスパ

30　今でも、僕はインドから帰国すると、体調を崩して寝込む。2023年3月には、帰国直後に新型コロナウイルスに感染していたことがわかり、2週間のたうちまわった。この頃から変わってないな、と思う。

イスで刺激の強い食生活からも解放されたかった。旅中は随分と騙されたし、ひどいことも言われていた（呪いだってかけられた）。

僕は、旅の途中、ひっきりなしに立ち現れてくる刺激的な出来事に、その都度翻弄されながら、心のどこかで「早く帰りたい」と願い続けていた。そして、もう二度と来ることはないだろう、と感じていた。正面切ってぶつかってみたいけど、逃げたい。そんなアンビバレントな気持ちで過ごしていた。何せその目的が、「自分を壊せ」だったのだ。折に触れて逃げたけど、それはダメだともわかっていた。だから、もう一度立ち上がって、歩き始めた。パーブーには「また来年会おう」などと告げていたが、本当に来るのだろうか、という気持ちもあった。心身ともに、疲れ果てていたのだ。

もう一度言う。この旅の目的は、「自分を壊せ」。名づけて「自分壊しの旅」だ。そして僕は帰国後、自分が壊せたのか？　と何度も問うてみた。しかし自ら導いた答えは、

いや、壊せてなんかいないでしょ。

というものだった。そんな簡単なものじゃない。旅の途中も、終わってからも、僕はヘタレであり続けた。

僕は自分の、あまりにも世界と対峙する際の視野の狭さと、その圧倒的に「理解できない」世界へと向き合っていく時の、自分の立ち居振る舞いの下手くそさと意気地のなさだけは、嫌

というほど感じ続けた。少しだけ世界のリアリティを引き受けようとする度胸というか、姿勢だけは、身についたように思う。でもそれは、壊すなんて、大それたものではない。ほんのちょっとだけ、旅慣れてきたかな、と感じるくらいだ。

自分の「核」と、自分を覆う「膜」は、相変わらず僕を小さな世界に閉じ込めようとしたが、その周辺に、少しだけ曖昧な領域や、「膜」のほつれや破れが形成されたような気はしていた。そして、その自/他の境界に、世界を受容するためのクッションのようなものができたと感じた。それは、異質なものに対する拒絶の姿勢を緩和し、世界を許容しようとして開く、少しだけ包摂的な領域なのだとも。その領域が、僕の「核」を徐々にゆさぶり始めていたことだけは確かだ。

便利でスムーズで平穏な日々の退屈さ

初めてのインドでの「自分壊しの旅」が終了してから半年ほど経った頃。帰国直後しばらく堪能していた、日本でのコンフォータブルにしてコンビニエントな生活に、なんだかモヤモヤしている自分を感じ始めていた。大学に行って、アルバイトに行って、随分と遅くなって帰宅する日々。当時は保険会社の電話受付の業務をやっていた。整然としたオフィスにかかってくる契約者からの声に甲高い声で丁寧に対応し、クレームが来たら電話越しに「申し訳ございません」と言いながら頭を下げ続けた。アルバイト仲間とは「どのラーメン屋がうまい」とか、

「あの子が可愛い」とか、「あのゲームやった？」などという薄い対話をし続けた。夜勤で朝まで12時間以上働いた後だったとしても、達成感がこれっぽっちも得られない。「このままでいいんだろうか」という焦燥感だけが募っていった。

僕は、なんのために生きているのだろう。

またそんな疑問に苛まれるようになった。電気もガスも水道も完備されていて、真夜中でも電気が煌々と世界を照らし、トイレに入ればウォッシュレットが手軽に汚れを落としてくれる。この便利さは、ただものではない。でも、しばらくするとそれもあたりまえのことになる。あたりまえの世界に戻った僕は、どこか心に空いた穴に気づかぬふりをしながら、日々を淡々とこなしていたのだった。

生活の全てが便利で、スムーズで、安全で、平穏な日々。しかし、こうして過ぎていく1日1日が、どのような意味を持っているのか、よくわからなくなっていく。孤独だったけど、(楽しさも苦しさも含めて)あまりにも心をゆさぶる刺激的なインドでの日々が、蘇ってくる。旅の間、僕の思考は毎日ウロウロと彷徨い続け、それ故に心身ともに疲れ果てた身体が求める眠りへの欲求は高く、朝起きるとまた新たな人との出会いと新たな光景がもたらす刺激が、身体を突き刺してくるような日々。そう、あのヒリヒリとした刺激的な日々が、次第に恋しくなってくる。こんな生活をしていたら、「時を無駄にしおって、この愚か者！　神の名を唱えながら、前へと進むのじゃ！」とナクター爺さんに怒られそうだな、なんて考えながら。

帰国後、僕はインドでの旅を学友に報告しながら、「ひでえ国だよ」などと愚痴ばっかり言っていた。しかし、半年が過ぎた頃から、「ああ、また行きたいなあ」などと口にするようになっていた。そして、大学生活の1年目が終わりを告げる頃に、僕はまたインドに旅立つべく、お金を貯め始めた。

そして、初めて降り立ったインドの地を再び踏みしめたのは、最初のインド旅から1年半後のことであった。僕は引き寄せられるように、またこの地に舞い戻ってきてしまった。自分でも、びっくりだ。これは、「神の名の指し示す方」なのか？　僕は、自分の心のバイブレーションに、ちゃんと耳を傾けているのか？　確信は持てなかったが、久々に嗅いだインドの混沌とした匂いに、心が高鳴っていることだけは、確かだった。

でも、この話の続きは、次の章にとっておこう。

風と「ゆらぎ」

この旅で僕は、目的地を定めぬまま、（結果的に）気の向くままに北西インドを徘徊することになった。その時々の偶発的な出会いや感覚に、素直に従いながら、あっちこっち、ふらふらと。

そして僕は、この旅でさまざまな刺激を一身に受けながら、それを拒絶したり、引き受けようと躍起になりながら、自身の感覚や発想がゆらいでいく感覚を覚えていた。僕は、壊れることはできなかったが、ゆらぐことはできたように思う。さまざまな考え方や異質な世界観を少しずつ引き受けながら、僕の中で頑なに凝固していた価値観が浮かび上がってきた。それを、少しずつ整理し、捨てるものは捨ててきた。自分を束縛したり苦しめたり、自分の行く手を阻もうとするような考え方は、手放そうと努めた方がいいに決まっている。価値観や世界認識の断捨離だ。

何を恐れていたのか、僕は「自分らしさ」を勝手に決めつけ、鎧のように装着し続けてきたみたいだった。そこから少しずつ自分を解放し、世界を受容するレセプター(受容体)を増やしていくことが、旅のしやすさと直結していた。それは息のように、風を引き受け、風を吹き出し、世界を包摂するための余白を生み出していった。

宇宙物理学者である佐治晴夫は、以下のように語っている。

ともあれ、自然の中には一定不変ではない、非常に不思議なゆらぎ方があります。(中略)それを言葉で表すならば、予測できる部分と予測できない部分が、ちょうど半々にバランスよく入っているゆらぎ方ということになります。

ですから、音楽にしても、次にどういう音が出るかということが完璧にわかったらあまりおもしろくありません。その予想が時には当たり、また時には外れたりするから、音楽、あるいは演奏というものはおもしろいわけです。

風についても、全く同じです。扇風機の風だと完全に予測できますから、電車に乗っている若い女性は、そろそろ扇風機の風が自分のほうに吹いてくるとわかるので、ついつい髪に手を当てて嫌な顔をしてしまうわけです。ところが、自然の風の中にいると、決してそんな嫌な顔はしません。なぜなら、自然の中の風は、半分は予測できても、残りの半分は予測できないからです。

私は、私たちの人生もそれと同じだと思います。何もかも予測できたら、多分生きてはいけません。

佐治晴夫・天外伺朗『宇宙のゆらぎ・人生のフラクタル：宇宙の星と人の体に共通する不思議な法則』（PHP研究所、2000）

理論物理学を追求する佐治は、宇宙の変動活動のなかに、「f分の1ゆらぎ」という共通するノイズを見つけ出した。このゆらぎは、生命体・非生命体を超えたすべての自然界に見出すことができるという。そして、この「f分の1ゆらぎ」こそ、最も心地の良い感覚と美の感性を呼び起こす作用の源泉なのだ。

こう考えると、僕らの人生の豊かさとは、この自然と共通する「ゆらぎ」の持つ予測不可能なノイズと関わっていることがわかる。そしてこの「ゆらぎ」は、自己相似性を持つフラクタル構造になっている。難しい表現だが、一部分が全体と一致する、ということだ。つまり、人間（部分）と宇宙（全体）は一致しており、すべてが「ゆらぎ」という根源的性質を共有している、と。彼はいう。「わたしたち自身が宇宙のひとかけら」なのだと。

混沌の世界で踊るために

沙漠で出会った人々の信仰世界は、世界を隔てる二分法的考え方の間に、混ざり合って分割することができない曖昧な領域（「ゆらぎの空間」）があることを教えてくれた。

「ある」ことと「ない」こと。
「信じる」ことと「信じられない」こと。
「考える」ことと「感じる」こと。
「わかる」ことと「わからない」こと。

難しくいうと、「具体と抽象」「自然と文化」「主体と客体」「能動性と受動性」など、僕らが明確に分けて白黒はっきりさせないと気が済まないこの二つの領域は、この沙漠の地では、もっと混ざり合った曖昧なものとして生きられている。

そんなところで凝り固まっていて、苦しかろう、この愚か者。
自分が奏でるメロディーとリズムに耳を傾け、さっさと踊り出さんか。

インドがそんなことを言っている気がする。きっと踊り出すことができた後に見ることのできる世界は、異質さに寛容で、何が起こっても「それが真理」と受容できる、包摂的で豊かな世界なんだろうな。Aal Izz Wellも、きっとそんな世界へと導いてくれるパワーワードとして、「ゆらぎ」の世界とつながっている。その世界に行くためには、僕はきっと、もっと「ゆらぎ」、もっと「踊ら」なければならないようだ。

第三部

ゆらぎの世界

第8章　居場所を探して

中心になれない人間

国際線も含め、飛行機に乗り遅れたこと5回。学会や研究会などの日程を間違えて、発表やコメントをとばしてしまったことも数回ある（その節は本当にごめんなさい）。物忘れが激しく、外出中はたいがい、忘れ物に悩まされる。財布を家に忘れたことを駅で思い出し、取りに帰って再度家を出たら、取りに帰ったはずの財布をまた忘れてしまった、などというウルトラC級のやらかしをしてしまったこともある。家族や同僚をはじめ、関係する多くの人々に、苦労や迷惑ばかりかけている。こんな場ではあるが、心して謝りたい。

僕のような存在は、当然「あるべき世界」からは、忌避される。義務教育期間にも、僕はだいぶん教師に怒られてきた。それは大変な怒りを伴うことも稀にあったが（教師の張り手で5メートルほど吹っ飛んだことがあるというのが僕の武勇伝だ）、諦観にも似た、哀れみの微笑を教師に向けられることが常だった。

ただ、僕はひどいイジメの対象となったり、「シカト」などの排除の暴力を受けたりしたことはなかった。好きな音楽、視聴しているテレビ番組、ゲームのセンス、読んでいる本などを友人たちと共有することはとても難しかったが、「どこかズレている変なヤツ」として、受容されていた部分はある。きっとそれは、自分のズレを一つの「キャラ」として、ある種の戦略性を伴ってエンタメ化し、それなりのポピュラリティを獲得していたからだろう。

こういう時は、あいつが笑いをとってくれる。

そういった期待感を引き受け、僕は先生に真顔で珍妙な質問をしたり、おどけてクラスの雰囲気を和らげたりする役割を担っていた。だからといって、先生に気に入られたり、学級委員になったり、クラス対抗リレーに選ばれたことなどはない（したがってモテない）。そう、僕は常にクラスの周縁に漂い、時が来ると（求められると）その役割をこなし、そしてさっと身を引く。そのような周縁的で境界的な存在でいることに、いつしか慣れていた。「親友」や、ましてや「彼女」なんていう存在は大学に入るまで無縁で、いつだって僕はクラスの中心を外れから眺めながら、ふわふわと浮遊していたように思う。

そんな僕が、インド社会の周縁に位置するトライブの世界にはまりこんでいったのは、偶然ではなかったのかもしれない。広大な沙漠をゆるやかに移動しながら、ラージプート（王族）

やバラモン（聖職者）などの権力や中心性を意識しながら、周縁部における位置取りに長けた人々。「不可触民（ダリト）」の人々のように、排除と包摂の二元論がはっきりとしたコントラストを持って混在している両義的な存在とも違う、[31]絶妙な距離感と浮遊感をもって社会を構成してきた人々。それが、僕が接することになった沙漠のトライブ、ビール（Bhil）の人々の生存戦略だった。

社会的にも文化的にも「逸脱」している部分は散見されるものの、少なくとも（都市部ではなく）沙漠エリアでは緩やかに社会に包含され、それでいてズレや逸脱が許容されているような人々の生き様。意識的ではなかったが、僕はきっとそんな彼らの飄々とした生き方に憧れるとともに、自身の生き方に対する正当性を見出そうとしていたのではないか。そしてこのズレや周縁のゆらぎを許容する社会のあり方に、何か可能性を感じていたのではないか。この文章を書きながら、僕は改めてそう思うのだった。

日本とインドの往復生活

ゆらりゆられて　異国の海へ
白い波頭　カモメのアラベスク
夢じゃないさ　コトバ喋るジュゴンの涙

雲ひとつない空が　エキゾチックに
大陸を駆け抜ける　思いは果てもない
空に羽ばたけ　美しきかの人
カリョービンガに　生まれかわって[32]

パーブーと別れてから1年後の1995年、僕はまたゆらりゆられて、インドの地に降り立った。最初にインドを訪問してから、新型コロナウィルスの世界的な流行によってビザの発給が禁じられた2020年までは、必ず1年に一～二度はインドを訪れている。今から考えても、なんで自分がこんなにも取り憑かれたようにインドに通い続けてきたのか、よくわからない。研究のため、という部分もあるのだが、それより「今いる場所から一時的に避難しなきゃ」という感覚に近かったと思う。

31　「不可触民」、インドでは「指定カースト」と呼ばれる人々は、社会的な排除を一身に受けてきたというイメージがあるが、そうではない。彼らは、社会的に「なくてはならない存在」として役割を担ってきたし、儀礼時にはバラモンより聖なる存在として扱われたりもする、排除と包摂、聖と俗、浄と不浄を行き来する「両義的」な存在なのだ（だからと言って、時に彼らに向けられてきた暴力的な言動が存在することを忘れてはならない。包摂性は、ちょっとしたきっかけで排除や暴力につながる危険性を、常に帯びているものなのだ）。

32　巻上公一作詞「カリョービンガ」より。カリョウビンガ（迦陵頻伽）とは、極楽浄土に住むと言われる、仏教界における想像上の生物。上半身が人で、下半身が鳥という造形で、卵が孵る前から美しい声でさえずると言われている。こんな優雅な生物のように、美しく旅がしたいものだ。

大学時代の学友に尋ねてみると、「日本は好きだけど、居続けると苦しくなっちゃうって、よく言ってたよな」とおっしゃる。スーツを新調し、インターンをやって、企業説明会に出て、エントリーシートを書いて、面接受けて、という慌ただしい日々を送っている当時の学友たちに（皮肉ではなく、本当に）尊敬の眼差しを向けつつ、僕はずっと「この息苦しさから解放されたい」と呟き続けていた。

いつしか僕は文化人類学を専攻し、インドをフィールドとして、研究者になろうと考え始めていた。大学3年時にはほぼ単位は取り終わり（勉強面では真面目）、卒業要件は卒論を残すのみとなっていた。しかし僕は、あっという間に「新卒採用」なるライフプランを手放し、アルバイトでお金を稼いではインドに飛び立つという生活を選んだ。気がついたら、大学を卒業するまでに6年間もかかってしまった。しかし、この余禄のような2年間は、今でも自分の中で実践と思考の往還を行うことのできた、最も豊かな時間だったと考えている。

毎年、インドでの最初の滞在場所をコロコロと変えつつ、最終的にはタール沙漠の「おへそ」＝ジャイサルメールに向から、というのが定番のフィールドワーク計画になっていった。広くインドの多様性を捉えつつ、自分が最も見てみたい世界（＝フィールド地）を多様な文脈から捉えたい、という思いがあった。

ある時はインド最大の商業都市ムンバイーへ行き、クラブでドラフトビールを楽しみ、ある時はガンジス川沿いの火葬場が有名な聖地バナーラスの路地に溶け込み、ある時はヒマーラヤの麓でチベット僧と生活を共にし、またある時にはインド洋に突き出した灼熱の美しい砂浜でヤシ酒を楽しんだりもした。全く、これが全部「インド」だっていうんだから、国民国家という枠組み自体がなんだか滑稽なものに思えてくる。この国は、行く先々で違う宇宙が構成されていたし、どこも魅力に溢れていた。しかし、旅の折り返し地点で向かう先は、いつも決まっていた。

パーブーとの再会

ジャイサルメールにつくと、まずしなければならないのは、パーブーを探し出すこと。

この2回目の訪問は、運がいいことにジャイサルメールの都市部のバーザール（市場）で、パーブーと同じ氏族の「大オジ」にあたる人物と偶然に遭遇することから始まった。さっそく話しかけると、彼も僕のことを覚えていてくれた。そして、バス停近くのジューススタンドでパイナップルジュースを飲みながら、パーブーの現在の居場所を教えてくれたのだった。

「彼は今、母方のオジの村にいるはずだ。砕石工場で働いているらしい」

大オジはそう言った。同村はジャイサルメール都市の中心部から北へ8キロほどいったところにある。同じ部族民ビールの中でも、「リーリヤー」と呼ばれる氏族が移り住んだ地であることは知っていた。おそらく彼は母方の系統に縁故を辿って、なんとか生きつないでいるのだろう。僕はさっそく城砦の前にあるスタンドに行き、ジープをチャーターしてその地へと向かった。

高台に広がる村に着くと、泥造りと石レンガ造りの家屋が18軒ほど無造作に集まった集村であることがわかった。ジープの音を聞きつけて、ゾロゾロと村人たちが集まってくる。一様に真っ黒な顔をし、白い歯をチラチラと見せながら、ドライバーと何やら話をし始めた。この村は、チマラームと呼ばれる実在の祖先（パーブーの母の曽祖父）が移り住んだことで始まった定住地で、メンバーは全てビール・トライブの人々によって構成されている。聳《そび》え立つ高台の下方には、どこまでも続くように思われる岩盤が広がっており、この地の人々はこの黄砂岩ででできた岩盤を切り崩して砕石しては、建材としてトラクターで業者に運び込むことを生業としていた。村では、パーブーの家よりもはるかに立派な家々が目立ち、砕石業がそれなりにうまく回っていることを物語っている。

村人の一人に、パーブーはどこか、日本から訪ねてきたのだと伝えると、近くの砕石場で働いている、と教えてくれた。

砕石場へジープを走らせると、ノミやハンマーを持った人々が、黄土色の粉塵を撒き散らしながら岩に打ち込んでいる光景が目に入ってきた。彼らはこの強烈な直射日光の中、砕石作業から出る粉塵と戦いながら、1日を過ごしているというのか。30センチメートルほどに打ち砕かれた岩の残骸が山積みになっており、人々はそれらをフン‼　と力を込めて持ち上げ、トラクターの荷台へと積み上げていた。顔には滝のように汗をかいていて、その滴る汗は乾ききった岩に一瞬の水玉模様を描いたと思ったら、あっという間に蒸発してしまう。なんとも過酷な労働現場だ。

トラクターの荷台には、積み上げられる岩を均等にガラガラと並べている、他の男たちと比べると一段とひ弱そうな身体の、もはや精根尽き果てたとでも言いたげな表情を浮かべた青年がいた。パーブーだった。彼は僕の顔を見ると、少しだけ照れくさそうな表情を浮かべ、トラクターの荷台からヨロヨロと降りてきた。


「やあ、コーダイ。久しぶりだな。いつ到着したんだい?」


疲れ切って声も出ないのか、彼の口から出る微かな音が、トラクターのエンジン音にかき消されそうになる。僕の知っているあの物知り顔で、時に哲学的なポエムを口走る、あの青年に間違いない。彼にはこの現場は似合わない。咄嗟にそう思った。

久々の再会を喜ぶような空気感ではない。フラフラしている彼をジープに乗せると、いったん我々はチマラームの村に戻った。彼は母方のオジの家の一角で腰を下ろし、親族の女性が持ってきてくれた水瓶を手に取ると、随分と上方から水を垂らして口に流し込んだ。

彼は一息つくと、ここ1年であった出来事をかいつまんで話してくれた。

沙漠の家族が抱える困難

父が選んだ結婚相手が、性格のキツいわがままな女性で、結婚後喧嘩を繰り返した挙句に実家のある村に帰っていってしまったこと。その結婚式の費用を捻出するために、近くの集村（コートリー村）の支配カーストたちに借金をしたこと。そしてそれが返せなくて何度か強く返済を迫られた上に、つい1ヶ月前にその男たちに家を襲われたこと。彼らはライフルを手にパーブーの家に押しかけ、パーブーの口の中に銃口を突っ込みながら脅し、家の中を荒らして物を壊し、挙げ句の果てに父を殴打して帰っていったという。追い詰められたパーブーは、なんとか借金の利息だけでも払うべく、母方の親族を訪ねて砕石の仕事を得た、ということだった。

華美な結婚儀礼が「あたりまえ」として望まれる沙漠の社会では、その費用をめぐっての金銭トラブルが絶えない、と聞いていた。まるでその典型的な例に出会ってしまったようだ。

婚姻儀礼は、特に花嫁側の親族に課される持参金《ダーウリー》が問題とされており、そのために「娘の結婚式のために父は一生分の稼ぎを使う」などといった言われ方もされていた。持参金を目当てに婚姻関係を作り出し、儀礼後に花嫁を殺してしまう、持参金殺人と呼ばれる事件も、たびたび新聞を賑わせていた。「娘を二人持つということは、死を意味する」という話も、インドの他の場所ではよく聞く話だ。そのため、カースト社会における高い階層では、出産後女の子であることがわかった瞬間に殺してしまう、という噂話が絶えない。[33]

一方で、ビールの社会では、この持参金に関する文化的規制が、それほど強くない。婚姻儀礼に関しても、ある程度双方の支出がバランスを取れるような仕組みになっている。

とはいっても、だ。人生の一大イベントよろしく、絢爛《けんらん》で華美な婚姻儀礼を行わないことは親族の恥ともされ、借金まみれになってでも派手に執り行わなければならないものであることに変わりはない。

なんと馬鹿馬鹿しい！　と思うなかれ。日本では、コロナ禍の影響も手伝って、ジミ婚などといって、いかに儀礼的な行為を低コストで済ませるか、というトレンドになっている。経済的な論理、つまり合理性や生産性を考えた時に、結婚式ほど無駄なものはない。それは、我々が「個」として分断された上で、社会的役割を競争によって「自ら勝ち取るものだ」という個人主義的世界に生きているから、感じることだ。では沙漠の世界ではどうか。

沙漠の世界では、人間と人間のつながりやネットワークをいかに駆使するかが、生きていく術の鍵となっている。パーブーが追い詰められて、母方のオジの村に飛び込んだのも、姻戚関

33　2021年の政府の統計では、インドで生まれてくる子どもの男女比率が男児1000人に対し女児は929人という割合になっている。これも、婚姻をめぐるジェンダーバイアスが要因とされている。この婚姻関係の非対称性を是正すべく、政府はさまざまな啓発活動を行っている。

係がセーフティネットとして機能している証拠だ。華美な結婚式は、ある意味、生存戦略の核としてあり続けてきたのだ。

「血」が創る世界

「親族」という言葉が、沙漠の世界ではとても重く響きわたる。例えば、読者のあなたに問う。あなたはどこまで祖先の名前を言うことができますか？

父親はもちろん、祖父、曽祖父くらいまではいけそうだろうか？　おそらく100人の学生を集めて聞いたら、「ひいじいちゃん」の名前を言えるのは一〜二名いるかどうか、というレベルだろう。

では、タール沙漠に居住している10歳くらいの男の子に、お父さんの、お父さんの、そのまたお父さんの……という感じで、どこまで言える？　などと問いかけてみよう。僕は何度か試したことがあるが、大概10代上の祖先の名前＝系譜が口から出てくる。もっとも多い子で、15人も祖先を遡ることができた。どうやら小さい頃から呪文のように祖先の名を詠唱することが求められているようだ。日本の小学生が九九を覚えさせられるように。

しかし、これは極めて「実用的」な知識なのだ。土地や生まれが全く違ったトライブ同士がばったり出会った時、彼らが延々と祖先の名前を口ずさみ、ピタッと合う瞬間までその関係を探っていく、という行為を何度も見かけたことがある。それが5代前でも、8代前でも、系譜が重なる場所が得られた瞬間、彼らは「同じ親族」として、過剰に親密性を表現するようになる。出会ったばかりの未知なる人物が、実は生き別れていた兄弟だった、という場面に似たような、奇妙な符合を楽しんでいるかのようだ。

ことほどさように、彼らは「血」の関係を尊ぶ。そしてその関係の網の目は、我々が考える「近代家族」「核家族」の感覚を超えて、はるかに広がりを持つ。過去に向かって、いかようにも拡張しうる関係のネットワーク。これは、父系的な「血縁関係」だけにとどまらない。妻や妻方オジなどを通じた「他の氏族集団」へと広がる「婚姻関係」も、重要な生存戦略の核となるのだ。

沙漠という世界は、生業と社会関係を求めて緩やかに流動していく社会だ。その動きは氷河のように緩やかだ。でも、人々は社会や世界の流れとともに「今ある場所」からむくりと起き上がり、新たな場所に向けて歩み始める。人間関係が常に拡散していくような、いわば広大な大地で迷子になってしまうような、危うい世界だ。その中で、血のつながりや婚姻によって作られる関係の糸束は、生きていく上で最後の頼みの綱となるのだ。

そこが健全であれば、その上に土地の縁（地縁）や生業や仕事でつながる縁（社縁）など、オプションの関係も構築できる。彼らは荒漠とした世界の中で、それらの関係の糸を手探りで絡め取りながら、不完全なライフを綱渡りしていくのだ。

だからこそ、親族が一堂に集まりつつ関係の強固さを確認しあい、また新たに関係を紡ぎ上げていく姻族をもてなし、生きていくための社会的インフラを、蜘蛛の糸のように張り巡らせていくための婚姻儀礼が、過剰に大切にされてきたのである。

悲しい出会い直し

話を戻そう。つまるところパーブーは、社会的要請と生存戦略の必要性によって行わざるを得なかった婚姻儀礼によって多額の借金を抱え、かつ妻には逃げられ、残された「取り立ての恐怖」から家族を守るために、姻族ネットワークを駆使しながら、砕石の現場でのたうち回っていたのである。

僕はその彼の姿にいたたまれなくなり、当座、僕の通訳兼アシスタントとして雇う形で、彼の金銭的なバックアップをすることをその場で約束した。村の連中は、今日は泊まって行けと必死に引き留めようとしたが、パーブーは僕の乗ってきたジープに乗ってジャイサルメールの都市部（シティ）に行こう、といった。

シティに向かう途中、亘惡から遥か遠く、黄土色の地平線に沈もうとしている太陽をぼーっと眺めながら、パーブーが言った。

「お前はいつも、僕が限界を迎えている時にさらっとやってきて救ってくれる。本当に奇妙なヤツだけど、僕にとっては日が昇る世界からやってくる救世主なのかもしれないなぁ。全く、変なヤツだ」

ジープのエンジンを轟かせて城門にたどり着いた時には、すでに日が沈んで空は紺碧に暮れなずみ、星が輝き始めていた。城下町に軒を並べる細々とした店舗たちは店じまいに余念がない。そこら中でシャッターが閉められる音が鳴り響いている。僕らは常宿になりつつあるゲストハウスで部屋があるか確かめに、バーザール（市場）の中心を抜けようとした。

その時である。長髪にして、サングラスをカチューシャのようにおでこにかけ、襟付きのシャツのボタンを三つ目まで開けた、ちょっとイキっている青年に呼び止められた。青年はにやけ顔で、僕にまくし立てた。

おいおい、お前は誰と歩いてるんだ？　そいつのことを知ってるのか？　そいつはST（エスティー）だぞ？　どうせつるむんなら、もっとまともな奴にしろよ！

彼が口にした「エスティー」という言葉。これはScheduled Tribe（指定トライブ）のイニシャルをとったもので、行政用語としてもトライブの人々を指すが、この場合かなり侮蔑的な呼称として用いられていることは、彼の態度からもわかる。僕は、突然の招かれざる客にオドオドしながら、どうしたものかとパーブーに目配せをした。すると彼は、間髪を容れずにその青年に近寄り、胸ぐらを摑んでこういった。

「お前、今言ったこともう一度言ってみろ。俺が聞いたセリフがもしそのままだったら、お前を殺して砂漠の砂に埋めてやる」

突然始まったこの日本のヤンキーのようなストリートファイトに、周辺を歩いていた人々が一気に集まってくる。

「なんだこのやろう、てめえはＳＴじゃねえか。俺にそんな口がきけんのか、ああ？」

「おい、それ以上俺らを侮辱するなら、家族もろとも危ない目に合わせてやろうか？　ＳＴがなんだ？　どこに生まれようが、俺のやってきたことはお前らよりよっぽど高潔だ。このくそバラモンが！」

「へへっ。お前が何をしようが、血が腐ってんだよ」

そのセリフが終わるかどうかの瞬間、パーブーのフリーだった左手の拳が振りかぶり、相手の顔を強打しようとするように見えた。突然の状況にすっかり震え上がっていた僕であったが、さすがに集まった野次馬たちの前で暴力はまずい。今後の彼の人生が終わってしまう。瞬間にそう判断したのかどうかは自分でも定かではないが、僕は夢中になって彼の左手にしがみつき、それはまずいよ、やりすぎだよ、とやみくもに声をかけて暴力を制しようとした。

パーブーはそれを振り払い、今度は僕に対して痛いほど憎悪に溢れた視線を投げかけた。

「コーダイ、お前は黙っていろ。何も知らないくせに。今何かを口にしたら、俺はお前とは二度と口をきかないからな！」

そのあまりにも鋭い怒りの表情と、初めて荒らげた僕に対する怒りの声を前に、僕はたじろぎ、彼の手を離しつつ、あとずさりをしたのだった。なんとも、なさけない……。僕が制したのが功を奏したのかわからないが、その後パーブーとバラモン青年は激しい言葉の応酬が続いたものの、暴力沙汰には展開しなかったのが不幸中の幸いだった。お互い強い言葉で罵り合った挙句、野次馬たちの中から出てきた数名の中年男性たちによって二人は引き剝がされ、落ち着かされ、なんとかその場はおさまった。

僕といえば、パーブーの怒りの力に圧倒され、また「二度と口をきかない」などと言われたことにショックを受けながら、少し離れた場所から状況を見守るしか術がなかった。シャッターが閉められた店の軒先にしゃがみ込むパーブーに近づくと、彼は肩で息をしながら目に涙を溜めていた。僕は少し落ち着いてきた彼に、「行こう」と声をかけ、宿へと引っ張っていった。

誰もいない暗いゲストハウスの屋上で、パーブーがぽつりぽつりと状況を説明し始めた。相手は城砦の上に住むバラモンの息子で、かねてより彼が城内で旅行代理店を営むことに嫉妬し、営業妨害をしていた一味の一人だという。やっと目障りなトライブの店がなくなったと思ったら、日本人ツーリストらしき人間と揚々と歩いている姿を見つけて、強い嫉妬心が芽生えたのだろう。それが「ST＝エスティー」という言葉を用いた暴言に繋がった。そしてパーブーの抵抗が、トライブの「血が腐っている」などという、あまりにも非道な表現を生み出してしまった。

あらためて思う。「血」とはなんなのだろう。

それは血管を流れる物理的な液体のことなのか。それとも「系譜」のようなものを指し示す抽象的概念なのか。または、特定の集団が共有している特有の性質のようなもののメタファーなのか。

「血は争えない」などという諺《ことわざ》も、日本語にはある。代々引き継いでいる、個人の性質や気質のことだ。

僕らはさまざまな文脈で「血」を語り、「血」に縛られている。セーフティネットとして機能する社会関係も血の論理で駆動する。その重要性は否定できないが、一方で「血」の説明体系は、人間の性質や、固定化された所属をも明確にしようとする。それは、生まれながらにして決定され、どうにもならない堅牢な檻のようなものとして、僕らをがんじがらめにする。「血」は人を救いもすれば、人を絶望の淵にも陥れる、諸刃の剣だ。タール沙漠の社会のように、「血」に寄り添う世界もあれば、日本の都市社会にみられるように「血」の論理から解放されていくことをよしとする世界もある。

いずれにせよ、僕らはこの事件によって打ちのめされ、悲しい気持ちで一晩を過ごさなければならなくなった。これは、僕の予想していた1年ぶりの華々しい再会物語から最も遠く離れた、悲しい出会い直しだった。

翌朝、僕らは簡易な朝食――イングリッシュ・ブレックファーストなどというかっこいい名前のついた、要はオムレツとボソボソのパンに、甘すぎるチャーイがついた大して美味しくない軽食――をとったのちに、再びバスで沙漠の彼の村へと向かった。

結婚費用を借りたカースト集団（ラージプート）の襲撃以降、家族に問題が生じていないか、安全に暮らしているのか。パーブーはいたく心配をしていた。到着すると、久々の再会に、母をはじめとする「沙漠の家族」たちはとても喜んでくれた。でもその笑顔の背景に潜む不穏な空気に、僕は事態の深刻さを感じざるを得なかった。

襲撃事件以降もたびたび金貸しはこの家を訪れ、返済のプレッシャーをかけては、家のものを取り上げていったという。姉が産んだ新生児のために購入したベビーベッドや、家屋でチャパティを焼く際に使っていたガスランプなどは全て強奪され、ただでさえモノの少ない人々の暮らしが、一層簡素なものになっていた。

こんな事態にいったい僕は何ができるのだろう。僕一人が抱えるにはあまりに大きな問題だった。考えた挙句、僕は自身の旅費から少なくない金額を、パーブーのアシスタント代の前払いとして弟の一人に託し、金貸しに利息分だけでも支払ってくるように命じた。それが功を奏したのか、その先の僕の2ヶ月にわたる滞在中に、彼らが襲ってくることはなかった。

第9章　感謝のない社会

ひとりNGOと化した（？）自分

こうして僕の沙漠におけるフィールドワークの、バタバタな第2章が始まったわけだが、このあたりから、どうしても拭い去ることのできない違和感と不信感が、少しずつ僕の心にじわじわと浸透し始めた。

率直に述べると、「誰にも感謝をされない」ということからくるものだ。何をしても、報われないような感覚。突然巻き込まれた借金問題と金貸しからの襲撃の恐怖という事態を回避するために、僕は日本でアルバイト――保険会社での深夜勤務や通販の電話受付など――を重ねて貯めた、それなりの金額を彼らに渡した。そしてそれは、彼らの抱える根本的な問題の解決にはならなかったが、当座数ヶ月間の身の安全を保証するものでもあり、その間に彼らとともに問題解決のための策を練ることができる猶予期間を得ることになったはずだ。しかし、お礼の言葉が、誰からも発せられることはなかった。お金を渡しても、「よし、そうか」という感じ。

こうした状況は、この時だけに限らなかった。その後も、やれ頭痛で動けないだの、赤子が高熱で死にそうだの、○○の葬儀があるだのと、多様な問題を持ち込んできては、「コーダイ、なんとかならないか？」と、さも苦悶に満ちた表情を浮かべ、親族たちは僕を頼ってきた。ひとりNGO状態だ。

一方で、彼らの要求は、嘘ではない。目の前には頭痛で寝込んでいる妹や、本当に高熱を出した赤子がいる。葬儀に必要な莫大な費用を捻出しなければならない社会的責任の重さも、よくわかっていた（論理は婚姻儀礼と同じだ）。かつ、それをうまくマネージできる金銭的な余裕が彼らにはないことも、痛いほど理解していた。僕はこの二度目の訪問から、かなり本格的に「家族」における「長男」としての地位を確立しつつあり、長兄の責任においてなんとか対処すべき問題であることに、自覚的にならざるを得ない状況にあった。[34]

アルバイトでコツコツと貯めたそれほど潤沢ではないお金であったとしても、そこにはルピー（₹）と円（¥）の、通貨としての大きな価値格差が存在している。日本ではそこそこの貧乏学生であったとしても、僕はインドの沙漠においては「お金持ち」として認識されてしまうような、逃れようのない矛盾を抱えた存在でもあった。そして、日が経つにつれて、その「助けてくれ」という懇願は、増していくばかりなのだった。

おいおい、俺は歩くATMかよ。

そんな不貞腐れた思いもあるが、彼らがお金のみを目的として擦り寄ってきているのではない、という感じは、冷静になるとわからなくもない。確かに、彼らはいろいろな困難を抱えている。この家族は生きているうちに訪れるであろう多様な問題の、総合デパートみたいだ。そしてそれらは、彼らにはどうにもならないものだ。いや、今までどうにかしてきたようなものであったとしても、近代化と貨幣経済の侵入によって、金銭的に乗り越える方法を知ってしまったが故の、逃れることのできない市場原理的な解決方法に、彼らが縛られ始めていることも、よくわかった。

仮に近代医療を受けずに、薬局で市販の薬を買わずに、呪医の治療に任せたとて、金銭は要求されるわけだし、問題解決のためにマーラン・バーイー女神の聖地を巡礼したとしても、移動のバス代や道中の食料代、寺院に捧げる供物代や寄付金など、どこにいっても金銭が必要とされる。そしてその元手を、彼らは失っていた。だから「コーダイ、助けてくれ」となるのだ。

それは、論理としては、とてもよくわかる。僕は潤沢ではないにせよ、誰よりもお金を持っている存在。かつ、それらの問題に対して解決を導かなければならない「長兄」という存在と

34 家族はみんな「長兄Bhahu」と僕を呼ぶようになり、困った時には「どうする?」とリーダーシップを期待された質問が僕に来るようになっていった。背景には僕に金銭的な能力があるという感覚もあったのだろうけど、それを使った対処を引き出すために、大いに「血」の論理が使用されるという状況。これはなかなかにキビシイ。

して君臨することを求められていた。

僕は考え抜いた末に、何か問題が立ち上がった時の解決策を彼らとともに話し合い、その結果どうしても金銭が必要と判断されるのであれば（かつ僕が納得するのであれば）支援をする、ただし、薬剤や食料など、必要物質を購入する際には僕が中心となって調達し、現物支給をする、という方法をとった。なんとでも理由をつけて、安易にお金を得る習慣ができてしまうことを防ぎたかったからだ。

お金をあげて「助ける」ことの意味

こうした決め事の背景には、僕が彼らをまだまだ信用できていなかった、という事実があった。お金が絡んでしまった際に、関係性そのものに亀裂が入るという教訓を、僕は日本で生まれ育ちながら、身体に叩き込まれていたからだ。

「金の切れ目が、縁の切れ目」

僕はウェットな「救済」の論理の中に、できるだけ金銭の授受を避けるように、必死に抵抗を続けていたのだ。このことは、ずっと僕を苦しめ続けることになったし、それはこれを書いている現在でも同じで、その違和感から完全に逃れているとは言い難い。人と人の関係を基盤とした贈与的な関係に、金銭が紛れ込んできたらどうなるのか。それは市場原理的なものに屈服するものであり、気持ちの伴わないものでもあり、密で親愛をベースにした関係を壊すものになるのではないか、という不安。

相互の助け合いの関係（互酬的関係）と金銭の授受は、彼らの世界においては見事に混ざり合い溶け合い、自然とやりくりされているものであると気づくには、もっと歳月を必要とした。彼らの救済のやり取りに、媒介となる「モノ」や「行為」や「カネ」は、それほど大きな違いはなく、混ざりあっている。それら全てに、等しく、贈り手の気持ちや象徴的な意味やメッセージが含まれている。それが、彼らの贈与関係なのだ。

頭では理解できていると思える今でも、僕はなんとなくモヤモヤしながら、「金の受け渡し」に嫌悪感を感じてしまう。例えば、コロナ禍で危機的状態に陥っている彼らに求められ、ウェスタンユニオン（海外送金システム）を使って送金したりする時などに。それが喫緊に必要なことだとわかっているし、彼らを助けたいという気持ちはあるが、論理は理解できても、感情的に腑に落ちない（食べ物や洋服を渡すなら感じないのだが）。

そして問題は、僕が常に「救う」側の人間、問題に「対処」しなければならない存在として君臨しなければならない状態にあることだ。確かに年齢的には（「息子」ポジションでは）最も年上であり、彼らは今の自分にとって30年近く世界をともに生きてきた僕の「家族」でもある。しかし、一人でそれを担うにはあまりにも包容力がないので、前述の通り僕はパーブーのことを「アニキ（Bhahu）」と呼び続けたという経緯がある。「元々の長男はお前だからな、俺にだけ全ての問題解決の責を担わせないでくれ」というメッセージでもあった（つまり僕らは互いをアニキと呼び合っていた）。

そして家族が窮地に追いやられるたび、僕はパーブーとともに二人三脚で問題解決にあたることにしていた。しかし時にパーブーは、「血」の論理をふりかざし、コーダイが助けるべきだとせまってきた。「血」は生物学的なつながりを指すだけではなく、極めて社会的に構築されるものでもあるのだ。お前は生物学的には本当の兄弟ではないかもしれないが、社会的には「血」でつながった「兄」なのだ、というわけである。

いずれにしても、パーブーには経済的に問題を解決する術がない。いや、解決しようともがくが、うまく回っていない、というのが正確な表現だろう。気がつくと、さらなる借金に頼ったりする。危うい。だから、少なくとも僕がいる間だけは、「コーダイの金」をどう使うか、という話に収斂せざるを得ない。この状況は、なかなかにしんどい。信頼って、なんだろう？家族って？「血」って？

「ありがとう」を言われないつらさ

さて問題は、これにとどまらない。僕がその都度彼らに「救い」の手を差し伸べ、金銭であろうが現物支給であろうが、彼らのために「してあげた」ことに対する、感謝の言葉を返されたことが、一切なかったこと。懇願されてそれに応えても、お礼の言葉や態度が見受けられないこと。これが最も精神的な苦痛につながっていた。何をしても、「おお、そうか」という具合で、僕の好意を右から左へと受け流す。これが日本だったらどうだろう。

「コーダイ、本当にありがとう、助かったよ‼ いや、まじでお前すごいヤツだよ。この埋め合わせは今度するからさ。本当に感謝だよ。ありがとう！ ありがとう‼」

くらいのことを、満面の笑みか、あわよくば少し目に涙を溜めながら言われるかもしれない。それだけのことをやってきた、という気がする。しかし、僕は度重なる彼らへの「救済」によって、「感謝」をされたことがないのだ！

誤解しないでほしい。僕は感謝をされたいが故に、彼らに救いの手を差し伸べていたわけではない（と言いたい）。目の前に本当に苦しそうな人がいる、救いの手を熱望する困難を抱えた人々がいる。僕に何かしてやれることはないかな、と考えて、行動してきたつもりだ。

しかし、感謝をされないということは、これほど苦しいことなのか。それは裏返すと、僕は感謝という名の「見返り」を求めていた、ということなのか。あれほど感情を露わにすることに長けている人々だ。全身で、フルの感情で、救われたことへの感謝を表現してもいいじゃないか。「助かった！」「ありがとう！」と涙を流してくれてもいいではないか。

しかし彼らは、救いの手が差し伸べられた瞬間に、普段見ないようなクールさで、右から左にその場を受け流す。「ふん」ってな感じで。

読者の皆様におかれましては、「感謝」とは、教育やしつけのなせる行為であり、彼らはまともな教育を受けていないから、ちゃんと「ありがとう」すら言えないのだ、と思われているのではないだろうか。文化レベルが低い「野蛮」「未開」な人々だから、近代的な社交やマナー・礼儀の世界を知らないんだ、と。実は僕も、当初はそう思っていた。なんて粗野で無礼なんだ。なんて人の気持ちがわからないんだ。感謝の意を表すことすらできないなんて……。

しかし、少しだけ時を経て、この事態は急変する。僕が彼らに感謝することすら禁じられてしまう、という事態だ。

禁じられた感謝

僕は前述の通り、この世界の社会関係のネットワークに深く興味を抱いていた。人々がどうつながり、その関係を維持したり拡張したり、時には誰かを排除したりしているのか。この沙漠という広大なエリアで生活空間を広げ、拡散的な社会を構成してきた、ゆるやかに流動する「散村」生活をしている人々を対象とするからこそ、人間の根源的な「つながり」を可視化することができるのではないか、という目論見だった。

だから僕は、彼らの見えない関係の線をトレースするように、沙漠に点在する家屋を渡り歩いては、人々がどのように生活を営み、どのように関係を維持し、世帯間の「行き交い」がどのようになされているのかをデータとして蓄積した上で、その社会的ネットワークを維持するためのメカニズムに迫ろうとしていた。なんとも「社会人類学」的で、オーソドックスな研究だな、と今では思う。しかし、この研究の過程で、「感謝の不在」を解き明かす瞬間を得ることができたのだ。

マイラクダ、ウーントニー。僕の忠実なる僕（しもべ）にして、沙漠のパートナー。

ところで、調査のための広範な移動を可能にするため、僕は二度目の滞在中に、ラクダを一頭購入した。パーブーやオジたちに連れられて行ったラクダ市で、交渉の末に格安の値段がついた9歳のメスラクダ。毛並みは上等なものではなく、肉付きもあまり良くなかったが、彼女の投げかける少し寂しそうで、でも晴れた日の沙漠の空のように澄んだ美しい目に惹かれ、購入に至った。僕は彼女に「ウーントニー」という名前をつけて、大事に育てることになった。現地の言葉で、「メスラクダ」という意味だ。

閑話休題。こうした調査の過程では、形式的にアシスタントとして雇っているパーブーはあたりまえにしても、家族や親族の皆々が、献身的にバックアップしてくれた。人々の「行き交い」のデータを取るため、家にふらりとやってくる多様な集団に属する客人たちを一人一人チェックし、その関係項・続柄と訪問の目的、滞在時間などを全てメモするように弟たちに告げていた（そして彼らは見事に正確にやってのけた！）。また、沙漠の両親は僕が知りたい歴史や移動の系譜などを何時間もかけて話し続けてくれたし、親族図（ファミリーツリー）や親族名称図（母方オジとかイトコ、姻戚関係をどのような呼称で呼んでいるかの見取り図）を作成する際には、近隣の氏族集団がみんなで集まって、わいわいと手伝ってくれた。もちろん、無償で。

それだけではない。なけなしの材料で、毎日美味しいチャーイ（山羊乳だけど）と料理も作ってくれたし、洗濯だってしてくれた。時々ブランケットも清潔なものに変えてくれたし、何より僕が困っている時には、小さなことでもいつも気がついて、誰かが声をかけてくれた（もちろん、喧嘩をふっかけられることも日常茶飯事であったが）。僕が体調を崩した時などは、彼らなりの方法で、必死に看病だってしてくれたのだ。

ことほどさように、僕自身も、沙漠での生活や調査のおりに、彼らには嫌というほど助けられてきたし、「救済」されてきた。そして僕は、そのような救いを差し伸べられた瞬間に、慣習のように「ありがとう」を伝えようとした。

しかし彼らは、その言葉を聞くたびに不快な顔をするどころか、なかには「そんな言葉を使うな！」と怒鳴ってくる人間もいたのだ。

ここで少し説明しておきたい。彼らの世界に、感謝表現、すなわち日本語の「ありがとう」や英語の「Thank you」に近いフレーズは、しっかりと存在する。サンスクリット語起源の「ダンニャワード धन्यवाद्」や、アラビア語起源の「シュクリヤー शुक्रिया」などである。

この地はパキスタン国境ということもあり、本来イスラーム的なものとヒンドゥー的なものが混交してできたハイブリッドな文化が特徴であるがゆえ、上記の言葉は都市部などでは双方ともに用いられてきたものだ。そして僕もこれらの語彙を使用したい、と思っていた。ところが、僕が入り込んだ沙漠の世界は、感謝表現を「不快」に思い、「拒絶」されてしまうような場所だったのである。

「ありがとう」と言いたくないだけでなく、「ありがとう」と言われたくない。

これが彼らの社会だ。

「ありがとう」がナイのではなく、あえてナイことにしている。それはタブーであり、感謝はしてはならないという鉄の掟なのだ。もう、訳がわからない。僕はそれまで20年近くも、「感謝しなさい！」「ありがとうは？」という言葉とともに成長してきたのだから。

なあ、君らは感謝の表現を知っているんだろう？　なんで使っちゃいけないんだ？

僕は、度々こんなことを人々に聞いて回った。しかし彼らの回答は、はっきりしない。なんかむにゃむにゃと言葉を濁す。「わしらはそうやって、やってきたのじゃ」だの、「言いたくないし、言われたくない。それだけさ」だの。要領を得ない。こうした状況は、フィールドでは多発する。一番知りたいことを直接尋ねても、誰も答えてくれない。彼らにだって明確に言語化できないことなのかもしれない。

助けて人類学！

こういう時、人類学者だったらどうするだろうか？　知恵を貸してくれ！　多くの人類学者は、徹底した観察を繰り返し、その現象の多様な現れ方をつぶさに記録しなさい、と答えるだろう。そのうち、現象の現れ方に、特定のパターンが見えてくる。そうすれば、表層的に現れている現象の、もう少し深いところ、「意味の網の目」の地平（＝構造）が浮かび上がってくるだろう。これが教科書的には模範回答だろうし、僕もそんな授業を受けてきた。

しかし、このケッタイな学問を勉強した人でなければ、こんな説明はちんぷんかんぷんだろう。わかったところで、それはそんなに簡単に腑に落ちるものじゃない。まだ駆け出しのフィールドワーカー気取りの僕には、その感覚は根付いていなかったし、どうやってやるのかすら、あまりよくわかっていなかった。

というわけで、結局僕は、この「ありがとう問題」を、しばらく放置することにした。お得意の、「逃げ」に走ったのだ。もう、わけわからん、と。そして僕は彼らと同様に、「そういうもんだ」と納得しようと頑張った。考えても仕方がない、と。

ムスリム少年との出会い

この「ありがとう問題」が、霧が晴れたようにスッキリと解決するまでには、まだだいぶん時間がかかった。それがわかったのは、この旅から6年後に、文部科学省からいただいた助成金で2年間という長期間、インドで留学とフィールドワークの日々を送っていた頃だ。時間は本書より少し先に飛ぶが、せっかくなのでこの「ありがとう問題」の顚末について話しておこう。

当時僕は、デリーの大学寮を拠点とし、ジャイサルメールのフィールド地に通い、パーブー一家の住む簡素な家屋での生活を繰り返していた。この時の思い出の一つとして、最寄りの集村から遊びに来たり、泊まり込んだりしていたムスリム（イスラーム教徒）の少年との交流が、鮮明に記憶に刻まれている。当時彼は12歳だった。

仮に名前をイスマイールとしておこう。この少年は、いわゆる「悪ガキ」と呼ぶべきいたずらっ子で、パーブー家の子どもたちにちょっかいを出しては泣かせたりしていた。でも、愛嬌はたっぷりで溌剌《はつらつ》としたところがあるので、なぜか憎めない。この家に居続けても、誰も「家に帰れ」「村に帰れ」とは言わなかった（こういうやつ、クラスに一人はいたよね）。

このような「行き交い」の文化の中で、宗教・宗派を超えた関係が構築されていくのも、なんだか面白い。つまりヒンドゥーの家族に、ムスリムの少年が入り込んで、共に親密空間を形成している、とでもいえる状態が続いていた。おそらくその関係のきっかけは、小さな弟たちが通い始めた、随分と遠くにある学校だったように思う（そして子どもたちの通学は、数ヶ月しかもたなかった）[35]。

彼は口が達者なので、僕はイスマイールから、随分と現地の会話言語であるマールワーリー語を教えてもらった。こういう時は、こう言うんだよ。そんな一言が、とても大切な学びになる。一方で、僕が言い間違えたり、変な表現をした時は、腹を抱えて大笑いするような子だった。そしてイスマイールからは、現地で秘匿されているような、極めて卑猥な言葉もたくさん教わった。ここで紹介するのも躊躇われるが、「お前の母ちゃんでべそ」的なやつの、もっとずっとダメな感じの表現たちだ。

試しに一度、そのような表現をパーブーの親族で仲良くなった青年に使ってみたことがある。彼はみるみるうちに顔色を変えて怒り出し、髪の毛を引っ張って僕を振り回したことがあった。

あんなに人を怒らせたことはない。全くもって強烈で、破壊力のある表現のようだ。以来僕は、そのコトバたちを封印した。当然だ。痛いのは嫌なのだ。

さて、この少年は、この家の兄弟たちに負けず劣らず、随分と僕になついていた。夜になると僕の屋根の上の「寝床」で一緒に寝たりもしていた。新たに弟ができたような、そんな感覚だった。

そんな日々が続いていたある日のこと。彼は突然、真面目な顔をして僕に話を始めた。


「僕は、そろそろ村に帰らなければならないんだ」

「え、どうしたの？　親に呼び出されたの？」

「そうなんだ、僕は婚約儀礼《サガーイー》に出なきゃいけないんだ」

「ええ？　婚約って、君はまだ12歳だろ？」

「僕らの社会じゃあ、そういうことになってるんだよ。子どもだって、婚約して、将来正式に

35　子どもたちが学校をあっさりドロップアウトしてしまったのにはいくつかの理由があるが、一つには教員の質が悪すぎた、というものがある。口が悪い、棒で叩くなどの体罰はあたりまえ、通学しても先生が来ない、通学しても着ていた服が汚いというので追い返されてしまうなど、トラブル続きだった。僕ら「家族」は、すぐに「そんな学校行かんでいい！」という結論にいたった。きっともっといい形で素敵な学校に通うことができる日が来る。ちゃんと模索しよう、そんな気持ちだった。そしてそれは、この時点からさらに3年後に叶うことになるのだが、その話はまた今度。

結婚する伴侶を持たなきゃいけない。僕の知らないところで、全部決められちゃうんだ」

「そうなのか……。でも、将来自分の妻になる女の子に会うのは、楽しみじゃないのかい？」

「そうだね。僕には別に好きな子がいるんだけど、彼女はヒンドゥーなんだ。だから、絶対に結ばれることはない。だけど、親が選んでくれた子に会ってみるのも、それなりにワクワクする。きっと頑張って僕のために選んでくれたんだろうからさ」


そういうと彼は、少し遠くを見るような仕草をしたが、その顔にはかすかに笑みが宿っていた。


児童婚――。子どものうちに結婚を「強要」される、世界的にみて「非道」な「悪習」とされてきたものが、こんな形で目前に現れた。あっさりと。

でも、当事者であるイスマイールには、全くと言っていいほど悲壮感が見られない。むしろ楽しみにしているような節すらある。性的な暴力や、健康被害、教育の欠如につながるとして、早急な解決策が必要とされている、イスラーム教国で多く見られる悪しき慣習というイメージとは、随分とかけ離れた様子である。

そしてこれもまた、「血」の論理に沿って、「合理的」に継続されてきた文化現象であることも、間違いない。子どもの生育期間の早い段階で結婚の契りを結ばせることで、セーフティネットとして機能する親族・姻族関係を拡充させることが目的なのだ。

12歳にして自身の結婚相手が突如決定されてしまう少年を前に、僕はなんと言えばいいのだろう。彼の浮かべた笑みにどう応えたらいいのだろう。僕はどうにも言葉が見つからず、極めて凡庸な返答をすることで、その場を収めることにした。

「おめでとう。僕らも、お祝いしなきゃいけないね」

そして、こう続けた。

「僕に何か、してほしいことはないかい？」

彼はその言葉を嬉しそうに引き受けながら、「僕はカメラが欲しい！　儀礼はとても華やかなんだ。それを記録に残したいんだ」とおちゃらけながら語った。

「よし、僕に任せておけ！　すぐにシティに行って、カメラ買ってくるからな！」

僕は、モヤモヤしたものを喉の奥に一気に飲み込み、彼の喜んでくれる姿を想像しつつ、彼のためにカメラを用意することを約束した。

カメラを買いに

カメラといっても、当時はまだデジタルカメラが存在していない。いや、していたかもしれないが、ジャイサルメールという「超」がつくほどの田舎町では、まだ購入は不可能だっただろう。僕は街に行くことを家族に告げ、茶葉とミルクと野菜をついでに買ってこいという指令とともに、沙漠の道を歩き始めた。3キロ離れた地点にあるバス停に向かい、ようやくやってきた混雑バスの屋根の上によじ登って、シティへ向かった。

僕の記憶では、婚約式の複雑な儀礼行為の多くは、暗くなった夜半に執り行われる。それには、フラッシュがついたカメラが必要だろう。念には念を入れて、多少暗くなっても写すことのできる、高感度フィルムも手に入れよう。砂塵が入ると壊れるので、カメラを入れるための防塵バッグもついでに……などと考えながら、4～5軒の小さな家電商店を巡っているうちに、すっかりあたりは暗くなり、その日に沙漠の家に帰ることは難しくなった。僕は定宿であるゲストハウスに向かい、一夜を明かすことにした。

翌日、お昼過ぎにようやく帰ってきた僕を迎えた彼は、嬉しそうだった。僕は袋いっぱいに詰め込んだカメラグッズを抱えながら、ほら、お望みのものだ！と言わんばかりに、彼に袋を渡した。2日かけて行った、彼のためのミッションは、これにて終了。さて、イスマイール少年の反応はいかに……？

彼は、帰ってきた僕の姿を見た時の、満面の笑みを、とっさに消した。むすっとした顔をして、僕からカメラグッズの入った袋を受け取ると、そのままスッとどこかへ行ってしまった。僕らはその後、会話をすることもなく、そのまま彼は自分の村へと帰っていったのだ。

そう、ここでも彼の中にしっかりと根付いている、感謝をしてはならない、何かをしてもらった時にはサラリと受け流さなければならないという、文化的な原理原則が、はっきりと駆動していた。そして僕は、「ああ、またか」とため息をつくことくらいしかできなかった。きっとこの頃にはもう、だいぶんこのような状況に慣れっこになっていたかもしれない。やれやれ、こんなこともまた、「あり」だ。何せここは、Aal Izz Well の世界なんだから。

突然現れたコーラ

このことがあってから数ヶ月後、しばらく顔を出していなかったイスマイール少年が、ひょこっと顔を出した。僕らは、カメラのことなんか何もなかったかのように久々の再会を喜び、声を掛け合った。「おい、元気だったか？」「婚約式はどうだった？」

彼は嬉しそうに、婚約にともなうさまざまな儀礼が続く日々がいかに大変だったか、酔っ払った親戚の一人がどれほどひどい粗相《そそう》をしたか、一方で、その華やかな時間はいかに忘れられない思い出になったかについて語ってくれた。僕はそれを、微笑ましい気持ちで聞いていた。そして彼は、抱えてきた写真アルバムを披露してくれた。そこには、大勢の親族たちが華美な衣装に身を包み、婚約の儀を楽しんでいる光景が映し出されていた。

　残念ながら、未来の「妻」となる、少し年下だという少女の姿は、顔が布で覆われているために様子がよくわからなかったが、彼は「思った以上に可愛い子で、性格も落ち着いているし、ラッキーだった」と語った。なんだか複雑な気持ちだ。写し出された少女の姿は、背丈も低く、本当に「少女」だった。彼らは、まだしばらく生活を共にすることはないが、特別な存在として、折をみて会うことになる、ということだった。

　彼は次々と写真アルバムのページをめくり、パーブー一家に一通り報告をすると、「まだたくさん報告しなければいけない家があるんだ。また今度遊びに来る。今日はとりあえず行くね」と言い残し、そそくさと立ち去っていった。ああ、よかった。お礼の言葉はなくとも、カメラが大活躍した様子がわかった。プレゼントして、よかった。

　その日の夜のこと。日中の直射日光の激しさによるものか、軽く眩暈を覚えて、かつ頭痛を抱えた僕は、早々に焚き火を囲んでの酒宴を辞し、屋根の上に登って横になることにした。

　風のない澄み切った空を見上げるべく、メガネをかけたまま万年床ともいうべき敷きっぱなしのブランケットと寝袋の上にゴロリと横になった。「ここはアタシの寝床でございますぅ」。

すると、枕元に、何やら違和感を感じた。コツッと何かが、後頭部に当たった気がしたのだ。起き上がって枕を持ち上げてみると、枕の下からコカ・コーラが入った瓶が出てきた。

しばらく疑問符が頭を駆け巡る。こんな沙漠での簡素な生活の中に、突如として現れたコーラ瓶。

読者の皆様にこの感覚が伝わるかわからないが、こんな生活をしていると、コカ・コーラのような都市的な飲み物があること自体が、とても奇妙だし、贅沢なことなのだ。

こいつはいったい、どこからきたんだろう？

上空を飛ぶセスナ機が落としたコーラの瓶が、南アフリカの大地で大騒動を起こす映画『ブッシュマン』のように、空から降ってきたのだろうか。いや違う。この近辺でコーラ（中身あり）を入手できるとすれば、過度に客に振る舞うことを是とする、特別で華美な儀礼の時だけだ。

イスマイール少年に違いない。

そう確信するまでに、時間はかからなかった。彼はその貴重なコーラの瓶を、お祭りのどんちゃん騒ぎの際に気を利かせてなんとかキープした。そして、今日この家に立ち寄った際に、隙を見て僕の枕元に忍び込ませたのだ。

「はい、これ」とかいって、僕に直接渡せばいいのに……。

いや、違う。これが彼（ら）なりのやり方なのだ。救済を求める際には過剰に懇願するくせに、その返礼の際には、何も言わず、わからないように、こっそりと行う。そう、このコーラは、きっとあのカメラの返礼だ。そしてその行為は、ひっそりと敢行された。きっと僕がトイレにでも行っていて、場を少し離れた時に。

そのような想像が頭をめぐり、胸が熱くなる。

これはあの時のお礼だからね。いいね、ちゃんと返したからね。これでチャラだからね。

こういう露骨な表現を、彼らはとても嫌う。でも、受けた恩を忘れることはないのだ。随分と時間差があるものの、僕が彼らから、いろんな形で献身的にしてもらった数々の行為は、明確に表現されないままにサラリと行われた、僕が彼らに行った「贈与」や「救済」への、慎ましやかな返礼の形だったのではなかろうか。

そう考えると、いろいろと辻褄が合う。僕は覚えている限りの自分の行為と、彼らから受けた行為の一つ一つを、冴え渡っていく頭の中で、吟味し始めた。そうすると、全体として見事にバランスが取れているような気がしてくる。まるでパズルのピースが、一つ一つはまっていくかのような感覚に、胸がドキドキと高鳴った。

無音でなされる、感謝の表現（Silent Appreciation）。そんな言葉が、頭に浮かんできた。言葉はいらない。彼らは、自分がしてもらったことを確実に覚えていて、チャンスをうかがってはその感謝の意を、具体的な行動やもののやり取りのなかで表明していたのだ。

彼らは、それをその場で言葉にしてしまうことで、関係そのものが崩れてしまうような、もしくは返礼のあからさまな表明が、返礼行為そのものを台無しにしてしまうような、そんな感覚を持っているのではないか。そう思い至った時の感動は、今でも忘れることができない。今まで抱え続けていたモヤモヤや苦悩が全て雲散霧消してくような、清々しくも温かい気持ちに包まれたような、そんな瞬間だった。

第10章　所有をめぐる問題

その場しのぎの「ありがとう」はいらない

「ありがとう」とはなんなのか。皆さんは考えたことがありますか？

語源学的には「有り難し」、つまり「あることが難しい＝滅多にないこと」となる。

あなたの私に対して行われた行為は、通常あるはずもない、極めて稀有な行為であり、私はそれをかたじけなくお受けするとともに、あなたのその素晴らしい行為に感謝します。

そんなニュアンスを含んだ言葉だ。それは、受け取った人にとっては、とても自尊心が満たされるような言葉。何せ、そんな滅多にない行為をするような立派な人間だと、褒められているようなものなのだ。

語源はともかく、僕らは何らかの行為や贈り物を他者にしてあげた時に、感謝の直接的な表現によって、即時的にその返済を受けとることになる。

　そしてそれは、「してあげた側」と「してもらった側」、つまり「贈与者 giver／被贈与者 taker」の間の不均衡＝アンバランスな状態を、多少なりとも解消するものなのだろう。何せ、「してもらった側」は、その行為／好意を引き受けた上で、「負債」を抱えてしまうことになるからだ。「恩」や「借り」といってもいい。

だから、とりあえずその場で相手を称揚し、尊厳を付与する。少しだけ負債を返却するのだ。

　しかしそれは、あくまでも一時しのぎの返礼であり、意地悪くいうならば「空手形」のようなものだ。「本チャンの返礼はまた今度な」「とりあえず今日のところはこれでカンベンな」という状況にもなりうる。それは、その場をなんとか取り繕うような行為でもあり、未来の返済計画の予告編かもしれない。そしてそれは、なんだかよそよそしい行為に見えてしまうかもしれない。

　お礼なんて言うなよ、水くさいな。俺とお前の関係だろ？

　こんな表現も、日本語にはある。[36]あからさまな感謝表現は、行為をやり取りした人間間の、関係性の浅薄さも表現してしまうことがあるのだ。このあたりに、タール沙漠に見られる「ありがとうの不在」を解き明かすヒントがあるのではないか。

「血」を重んじ、他者との密接な関係性こそが生存戦略の核になる世界。関係は財産であり、資本であり、セーフティネットだ。行為が行われたその場での簡易な返済行為なんて、必要ないのだ。むしろ、関係性の密度をゆるがすことにもなりかねない。だから言葉はいらないし、あからさまな表現は慎むべきものとなる。本当の返礼はひっそりと、時間をかけて行われるものなのだ。「ありがとう」がないことは、とても不躾で野蛮な所作どころか、関係性の密度や他者への信頼そのものを表している、と考えられないだろうか。

互酬性の世界へ

このイスマイール少年との関係のなかで閃いた、沙漠の「返済の論理」は、あっという間に僕を苦悩から救い出してくれた。この世界で即座に感謝が表明されなくても、僕は平気になってしまった。人間とは面白いものだ。わかってしまえば、こっちのもの。僕は、ちゃんと彼らの論理のなかで、親密なつながりを保つべき人間として受け入れられていた、ということにもなる。嬉しいことだ。

思えば、日本では、幼少期から「ありがとうと言いなさい」という教育（＝しつけ）がなされてきた。「ごめんなさい」も然り。つまり僕らは、「ありがとう」「ごめんなさい」を反射的に表明するように、身体に刻み込まれている。それがあたりまえだと思っていたし、人間として必要で正しい所作だとも思っていた。だから、その「あたりまえ」が行われない世界に、苛立ち、苦悩していたのだ。

しかし、僕らは「ありがとう」「ごめんなさい」を、なぜ表明し続けなければならないのか。それは、沙漠の世界との逆照射として捉えてみると、関係の希薄さをデフォルトとする社会へと日本（もしくは近代社会）が変化してきたということになるだろう。

都市化が進み、「血」の論理が徐々に失われ、浮遊した個人として立ち居振る舞う機会が過剰に増えた社会。そんななかで、利他的でウェットな信頼関係を維持し続けていくことは、なかなか難しい。表層的だが、スムーズな関係を築くためには、救済行為が生み出す関係の不均衡を即時に是正する「ありがとう＝返済」と、他者に対する「迷惑」を即座に解消する「ごめんなさい＝謝罪」が必要不可欠なのだ。

こうした問題意識は、のちに人類学の理論の中の「互酬性 Reciprocity」というテーマを学んだ際に、さらに理解が深まっていった。与え、与えられるという双方向的な社会的交換を表

36　「水くさい」は「水いらず」と対になる面白い表現だ。これ、日本酒と関係があるとか。他人と同じ杯で酒を酌み交わす、親密さを表す行為である「献杯」。人が口をつけた杯で酒を飲む。汚れ＝穢れをシェアすることができるくらいの仲だ、というわけだ。それを、口をつけるたびに水で洗い流す行為は、親密さの表現を台無しにしてしまう。だから「水くさい」となるし、洗い流す必要のない関係を「水いらず」という。「同じ釜の飯を食う」に近い表現。うーん、美しい表現だ。

すこの互酬性という語については、「贈与論」と連関しながら、現在でも人類学において熱い議論が続けられている。

僕はその中でもマーシャル・サーリンズが提示した「一般的互酬性」という考え方に、沙漠で捉えたリアリティとの深いつながりを見ることになった。

彼のいう一般的互酬性とは、利他的と推定される取引、すなわち援助が与えられるような取引、およびもし可能であれば「援助」が返礼される取引のことであり、共有、もてなし、無償贈与、手助けなどが想定されるものだ。「親族としての義務」「高い身分に伴う義務」なども当てはまる、という[37]。人間間の親密さが重視される世界だ。

まさに、これ。他者への救済行為は、とりあえずは利他的な行為とみなされる。そして、その返礼は、時間をかけて、じっくりと行われることも特徴だ。面白いのは、その返礼が「もし可能であれば」なされるものとされていることだ。つまり、お返しや見返りは、淡い期待はしつつも、確実になされるものとはみなされていない。

まあ、いつか返ってくるだろう。返ってこなくてもそれはそれだ。人は、持ちつ持たれつ。自分が相手に「したい」と思ったから、しただけさ。

他者に対する贈与や救済は、あくまでも自身の欲望によって行われるものであり、他者を返済の義務に無理やり巻き込むものではない。いつか返ってきたら、嬉しい。そんな利他性と他者に対する小さな希望がゆるくつながりあった、余白をとても大切にする社会関係。根底に、他者に対する深い信頼があるからこそ、成り立つ社会とも思える。

一方で、いわゆる「途上国」「第三世界」と呼ばれるようなところで色濃く見られるこのような互酬性の形は、「先進国」「近代社会」では急速に失われていく。僕らが生きている後者のような世界では、「均衡的互酬性」や「否定的互酬性」と呼ばれる、別の形態の互酬性が駆動している、という。

「均衡的互酬性」の世界においては、限定された期間、もしくは可能な限り短期間で、同等の価値のものが返礼されなければならない。延滞やスルーは、許されない行為だ。メールやLINEメッセージをもらったら、同程度の文章量を即座に送り返さなければならない、というプレッシャーを感じている人は多いだろう。既読スルーは好ましい行為ではないのだ。早急に返礼が不可能な場合には、僕らはとりあえず場を埋めるために、感謝表現を行うことになる。「ありがとう」には、そんな便利な機能があるのだ。

もう一つの「否定的互酬性」は、できるだけ小さな贈与に対してできるだけ多くの返礼を得

37　マーシャルD・サーリンズ著、山内昶訳『石器時代の経済学』（法政大学出版局、1984（1974））。ちなみに贈与論では、「一切の返済が想定されていない贈与」のことを「純粋贈与」といったりする。与え続け、見返りを求めない、究極の利他的贈与。キリスト的愛の世界だ。

ようとする、もしくは無償で何かを得ようとする、そんなタイプのやり取りだ。最も「コスパ」のいいものを追求する、という感覚に似ている。これは功利的で、利潤追求が行動の基盤となる市場原理社会と相性がいい。「海老で鯛を釣る」ではないけど、少額の資本投資によって最大の利潤を生むことが「成功」とされる世界だ。消費者側も、できるだけ支出をおさえようと躍起になり、頑張って値切りしたり、口コミを見ては安価でかつ優良な製品やサービスを得ようと右往左往したりする。賢い消費者だ。

僕がどっぷりと慣れ親しんできた世界は、この「均衡的互酬性」と「否定的互酬性」が混ざり合っていて、利他的な「一般的互酬性」がそのわずかな痕跡しか見られないような、そんな場所といえるかもしれない。「利他」や「信頼」よりも、「利己」や「(取引上の)信用」が重きを置かれる世界。曖昧な他者への期待や希望をベースとするのではなく、ルールで決められた「返済の義務」によって回していこうとする社会。

だから僕らは、「感謝しなさい」や「ありがとうと言いなさい」としつけられる。習字の時間には「感謝の心」と書かされてきたし、幼稚園のパンフレットには「ありがとう」と「ごめんなさい」が言える子どもに育てます、なんて堂々と書いてある。

「あたりまえ」から、少しだけ自由になる

随分と遠回りしてしまったが、要はこの「ありがとう問題」の根幹には、人と人とが繋がり

合うための重要な論理が存在していた、ということが言いたかったのだ。僕らはつい、自身の理解できないこと、自身の規範から外れているものを、蔑んだり、憤ったり、思考の枠から排除したりしてしまう。

一方で、フィールドワークという営為は、このどうにもならないモヤモヤや不快感、憤りを、スルーしたり排除しては生きていけないような状況に自らの身体を投げ入れ、半ば強制的に他者と向き合い、他者の論理へと接近させていくような、そして、自身が取り憑かれていた「正しさ」がいかに脆弱なもので構築されていたのかを目の当たりにする、そんなプロセスなのかもしれない。きっとこのことを、大学の教員たちは「自分を壊せ」という、ちょっとわかりにくく、抽象的な言葉で伝えようとしていたのだと、今ではわかる。

「ありがとう」の不在は、僕が捉えてきたようなものではない、新たな人間関係の構築の仕方へと目を開かせてくれた。でも、それが正しくて、僕らが間違っていた、という話ではない。僕らがつくる関係の、様式《モード》が違うというだけだ。どれも正解ではないし、どれも間違っていない。けれど、「これこそが正しい（＝あたりまえ）」という領域から少しだけ距離をとって、ゆさぶられてみる。そんな「ゆらぎ」の領域に足を踏み込むことで、僕らは少しだけ自由になれる。

この「ありがとう問題」にとどまらず、僕はインドや、特に沙漠の生活ではさまざまな困難を抱えていたし、楽しくも美しい経験の傍ら、つらく不快な経験をも繰り返していた。そしてそこから「ゆらぎ」の世界へと足を踏み入れていた。ここでは、もう一つそうした事例を紹介したい。懐中電灯（トーチ）をめぐる一連の騒動である。

懐中電灯問題

「おいコーダイ、トーチはどこ？」

僕がこの地を拠点とし、生活に慣れ始めてからこんな言葉が飛び交うようになった。前述の通り、僕は「ラーティンドー（夜に目が見えなくなるヤツ）」というあだ名（悪口？）をつけられ、視力の弱さを馬鹿にされていたのだが、そんな僕が生命線として片時も手放せないガジェットの一つとして、懐中電灯があった。

遠くにトイレに行くにも、カバンの中の必要なものを取り出すにも、屋根の上で寝る準備をするのにも、こいつが必要だった。闇に覆われた世界で僕が生きてこれたのは、この文明の利器のおかげだったと言っても、過言ではない。エジソン、ありがとう。

一方彼らは、闇夜でものが見えるとはいっても、暗い部屋の中での探し物や、家財道具の入った衣装ケースを漁る時には、この懐中電灯が便利であることをよく知っている。注意が散漫な子どもたちがトイレに行く時にも、懐中電灯があった方が、サソリやコブラの脅威から身を守ることができるだろう。そう、彼らにとっても、このガジェットはとても有用なものだったのだ。

だから、ちょっとした折に「トーチどこ？」と気軽に声をかけてくる。

ポイントは、「どこ？」という聞き方だ。普通に考えたら、「申し訳ないんだけど、貸してくれる？」が正解だろう。まるで僕の所有権などこれっぱかりも気にしないように所在を聞いてくる、この「どこ？」という言葉にも、僕はイラついていた。いや、これは僕のものだし。僕がこれをどれほど必要としているか、君ら、わかってる？

もっと悪いことに、彼らに「貸した」懐中電灯たちは、戻ってくることがほとんどなかった。僕が本当に必要な時に、だいたい僕の手元にはない。渡した人間に、「おい、懐中電灯どこにやった？」と僕が聞かなければならないハメになる。それでも、そいつのポケットにでも入っていれば、取り返せばいいのだが、多くの場合リレーのバトンのように、他の人に譲渡され、行方がわからなくなっている。たどっていくと、3〜4人目でようやくトーチにたどり着く、という有り様だ。


貸すけど、ちゃんと返せよな！


などと念を押すこともあったが、なんとなく不思議な顔をしながら「あいよー」などと曖昧な返事をする彼ら。そして、ちゃんと返ってくることはほとんどなかった。

貸した懐中電灯が返ってこないことにも腹を立てていたが、探し当てたものが壊れていた、という事態もしばしば起こった。もしくは、ずっと電灯をつけっぱなしで放置された結果、貴重な電池を無駄に使い果たしてしまうことなども、日常茶飯事。

電池が「もったいない」という感覚がそもそも備わっていないのかも？　これは、希少な茶葉、砂糖やミルクを大量にチャーイにぶちこんで、あっという間に使い果たしてしまう彼らの行動からも推察できそうだ。少しずつ、大切に、長持ちするように、といった発想自体がない。「その時がよければいい」。刹那的な感覚。みんな、「今」を生きている感じ。

問題は、なぜ懐中電灯が彼らの手にかかると簡単に壊れてしまうのか、ということだ。これが不思議だった。乱暴に扱って電球の導入線やフィラメントが切れてしまっていることも多かったが、だいたいは電源スイッチが陥没したり、固まって動かなくなっていたり、取れてしまっていた。なぜこのOn/Offをつかさどるボタンだけが壊されてしまうのだろう？

僕は、貸した懐中電灯がどのように使用されているのかを観察することにした。原因究明のための調査開始だ。ユーザー・エクスペリエンス（UX）ってやつだ（言ってみたかった）。懐中電灯を誰かに貸した後、その人物を尾行し、使用者が意識しないようにひっそりと観察するのだ。

すると、確かに使い方は荒い。人に渡す時も放り投げるし、使わなくなったら地面に投げ捨てたりもする。くそっ！　と思う。大事に使ってくれ。

しかしそれより、彼らのスイッチの入れ方に違和感をもった。何かが違う。僕らは普段、どうやってスイッチ入れてたっけ？　観察の日々は続いた。

調査結果。スイッチを入れる時の、指の力の入れ方が過剰なのだ。親指に力をこめ、思い切りギュー!! とボタンを押す（もしくはスライドさせる）。腕橈骨筋《わんとうこつきん》がモリっと膨らむくらい、力を入れている。ソフトタッチならぬ、ハイパー・ハードタッチ。そして「ん？ 反応が悪いな？」などと言いながら、何度もバチバチとスイッチを入れたり切ったりを繰り返す。ああ、これだ、と思った。こんなに繰り返しグイグイと指を押し付けては、電子機器の端くれである繊細な懐中電灯は、ひとたまりもない。

しかし、と思う。彼らにとって、日常的に使用してこなかったこの懐中電灯の「スイッチを入れる」という行為は、このガジェットに慣れ親しんだ僕らの「あたりまえ」とは違う様式なのかもしれないと、熟慮の末に僕は納得することにした。

思えば僕らは、生まれてこの方、スイッチに囲まれた生活をしてきた。家の照明、テレビのリモコン、お風呂の追い焚き、プリンターの電源スイッチ、エレベーターのドアスイッチから、玄関のチャイムスイッチなどなど。最近では車だってスイッチでエンジンをかける。まさに、スイッチだらけの生活だ。何をするでも、スイッチを押さないと始まらない。まるでスイッチに支配された生活だ。電気にあふれた生活をするなかで、僕らはいつの間にか、スイッチを押す力加減を体得し、全てのスイッチに対してソフトタッチで対応することを「身体知」として獲得してきた。

それが、普段、斧だのナイフだの長刀《タルワール》だの火炎銃（違法）だの、荒々しい生活用品をメインに利用し、「電気のない世界」に暮らしてきた彼らにとって、スイッチを入れる力加減が「わかっていない」ということも、納得のいく話である。

僕は彼らに「懐中電灯のスイッチを扱う時にはもっと優しくやってくれ」と懇願して回るより仕方がなかった。そしてそれは、彼らにとってそんなに簡単なことではなかったのだ。

さて、壊されてしまうという事実だけなら、これらの論理性を獲得しつつ、自分の気持ちを抑えることが可能になった。僕は観察から得たフィールドデータとそこから分析した「彼らの意味世界」によって、①電池が浪費されることと②懐中電灯が壊されること、の二つに対する怒りを超越し、ある程度の「受容」へと昇華することができた。僕も成長したものだ。

しかし、その後もずっと僕の心を逆撫でし続けたのは、「貸したけど、返ってこない」という事実だった。これだけは、どうにも腑に落ちない。

対策としては、「貸さない」という手もあり得たのだが、彼らはそうした僕の態度に不快感をハッキリと表してきたし、「カンジャール！（愚かなケチ野郎！）」と捨て台詞を叫ぶヤツまで出てきた。僕はしぶしぶ「ちゃんと返せよ！」と言いながら彼らに懐中電灯を渡すのだが、結局その先の行方を捜索しなければならないハメに陥るのだった。

この面倒な懐中電灯の管理がほとほと嫌になり、「僕も使わない」という選択肢を取らざるを得ないところまで追い詰められた。

わかったよ、僕の所有権を主張することが難しいのならば、僕も使わない。それでいいだろ？

半ばヤケになり、僕は懐中電灯を自分のバックパックの奥底に詰めて隠し、「どこ？」と言ってくる連中に「いや、知らん」「誰かが持ってったのでは？」と素知らぬ顔で言い続けることにした。それで僕は、だいぶん気持ちが落ち着いた。誰が持っていったか、今どこにあるか、と気を揉む必要がなくなったからだ。

一方で、それまでトーチを使用してできたことが、少し難しくなったことも事実だ。トイレに行く時はサソリの襲来に細心の注意を払わなければならなくなったし、カバンから何かを取り出す時も、手触りで行うことになった。それでも、懐中電灯問題から解放されたことで、月や星の明かりのありがたさや、自身の身体感覚だけで生活をしていく難しさや大切さ、コブラが発する音への敏感さも理解・体得しつつ、生活は続いていた。これはこれで、いいじゃないか。郷に入っては郷に従え。不便さだって、時には豊かな経験さ。

暗くなってからつけていたフィールドノートも書けなくなったが、僕は夜寝る前にＩＣレコーダーに必要な記録を声で録音し、翌日明るくなってからその録音データを聴き、文字に落としていく、という技も生み出した。しかし、皆が寝静まった闇夜の屋根上で、ボソボソと喋り続ける行為は、彼らを恐怖に陥れることにもなった。

上記の方法を2～3日続けていたある日の朝、家族たちは「コーダイが狂った」という話で持ちきりになっていた。悪霊にでも取り憑かれたように、一人でずっとボソボソと喋り続ける人間に対し、彼らは女神への祈禱の準備を始めていたのである！　これにはさすがにびっくりしたが、頭がおかしくなったコーダイのために何かしてやろう、と思ってくれた家族のありがたみを感じることができた一件だった。

僕は状況を説明し、ICレコーダーとは何かを、実演とともに伝えなければならなくなった。彼ら（特に子どもたち）は、自身の話した言葉が完全再現されるというその事実に驚愕し、興奮し、以来ICレコーダーは彼らの格好の遊び道具になっていくのだった。

なあコーダイ、アイシー（ICレコーダー）どこ？

そう。僕は懐中電灯とともに、新たな悩みの種を増やしてしまったのだ。

終わらないイタチごっこ

さて、当時は次から次へといろんな問題を抱えていたとはいえ、とりあえず懐中電灯をめぐるストレスからは解放された日々が続いていた。しかし、この問題はそう簡単に終わらなかった。

僕が懐中電灯をバックパックの奥底に隠してから1週間ほど経った時のこと。僕は相変わらず彼らとともに、ひんやりとしてきた外気に身を晒しながら、パチパチと燃える焚き火を囲んで、密造酒をちびちびやっていた。

その時、ハタと気づいたのだが、真っ暗なはずの小屋の内部から、チラチラと光が漏れ出ているのだ。あれはカマドの火の光ではない。懐中電灯の白色光だ。僕は立ち上がると小屋に入った。小屋では、家族の衣装ケースを懐中電灯で照らしながら、探し物をしている女性たちがいた。


あれ？　そのトーチ、どうしたの？

ええっと、男たちから渡された。

え？　誰から？

んー誰だっけ、覚えてない。


などという会話をしたのちに、慌てて自身のカバンを探すと、隠してあった懐中電灯は当然なかった。誰かが、僕のカバンを勝手に漁り、懐中電灯を使用した挙句、女性たちに渡していたのだ。

これには、さすがに僕も怒りを抑えられなかった。火を囲む男たちのもとに戻り、勝手にカバンを漁ったのは誰だ？　と詰め寄ったが、男たちは焦る様子もなく「んー、誰かやったかい？」「子どもたちじゃない？」などと呑気に話しながら笑っていた。結局「犯人」は分からなかったが、このように僕のカバンから何かが抜かれていて、いつの間にか使用されているというケースは、懐中電灯に止まらなかったことは付け加えておこう。

これは余談なのだが、僕は日本に帰国した時に、もう二度と懐中電灯で頭を悩ませたくないと考え、秋葉原に行って防災用の手回し充電タイプのゴツい懐中電灯を5つ買った。そして、その次に沙漠を訪れた時に、最も使用頻度の高いメンバーを選定し、4つの懐中電灯をそれぞれに渡して、一つを手元に残した。

「いいか、これは僕のものだ。そしてそれらは君たちのものだ。二度と僕に「どこ？」と尋ねないでほしい。自分たちのものは自分たちで管理して、使ってくれ」

手回し充電タイプなので、ボディには大きなハンドルがついている。これで電池の消耗問題からも解放される。ぐるぐる回すと、しっかりと強い光を発して点灯するそのニュー・トーチに、彼らは驚嘆の声を上げた（もちろん感謝表現なし）。よっぽど嬉しかったのか、その日の夜はいろんなところからライトを発するハンドルをグイングインと回す音が響いていた。ああ、買ってきてよかった、とその時は思った。

しかし、である。彼らはハンドルを高速で回すことで、内部のダイナモのローターが高速回転し、発せられる光が強くなることを発見した。そして、どれくらい強い光を出すことができるかという、力自慢のゲームを思いついてしまった。翌日からは、俺の方が強い！　だの、お前はまだまだだな、などという言葉とともに、力いっぱい懐中電灯のハンドルを回す競技が夜な夜な繰り広げられることになった。自分の力量で光の強さが変わるそのトーチに驚愕し、はしゃぎ、大盛り上がりをしている彼らを前に、僕は「やめてくれ」「もっと大事に使ってくれ」と、無粋な口出しをすることは到底できなかった。そう、彼らは「その時」を生きる人々。そして、次から次へと遊びを生み出してしまう人々。一時一時を、精一杯楽しむタイプの方々なのだ。そして案の定、力の入れ過ぎでハンドルがイカれてしまい、4台のニュー・トーチたちは1週間も経たないうちに全て壊されてしまった……。

そして、残された新品の懐中電灯は、僕のものだけとなった。

なあコーダイ。トーチはどこ……？

個人所有の檻

これ以上この手の話をし続けても、愚痴にしかならないので、ここらでやめておこう。貸したものを返さない。他人のカバンから勝手にものを持ち出す。これらが、いかに不快なことなのか、この本の読者は十分に理解し、共感してくれるものと思う。

ここで、またあの陥りやすい、負のイデオロギーが頭をもたげてくる。すなわち、彼らは「未開」な存在であり、「野蛮」な心性を持っているから、他者のものを簡単に取り上げ、所有権を侵害し、カバンから取ってしまうという「盗み」に近いような行為すらあっさりとやってのけるのである、と。

「人のものを取ってはいけません」「借りたら返しましょう」という近代教育を受けてきた僕らにとって、彼らは前近代的な、教育すべき対象として立ち現れてくるだろう。この感覚は、「ありがとう」問題の時に感じたものと全く同じもので、僕はつい彼らの「粗暴な行為」を安易に見下し、否定してしまいたくなってしまうのだ。

きっとそこには、彼らなりの論理があるかもしれない、という可能性を、最初から排除してしまうのは、やはりよろしくない。ここはひとつ、この懐中電灯問題に対しても、彼らに寄り添って考えてみよう。

考えなければならないのは、「所有」の感覚だろう。生活に必要なガジェットは、いったい誰のものなのか、ということだ。

懐中電灯は、僕が日本から持ってきたものであったり、時々は忘れてきてしまったためにデリーなどの大都市で購入し用意したりするものである。僕が買って持ってきたものなのだから、僕のものだ、という論理だ。

一方で、パーブーの一家が用いている、他のさまざまな生活必需品（日用品）はどうだろう？　斧やナイフ、竈からフライパン、カレーを作る鍋やご飯を盛り付ける大皿、狩猟に使うライフル、山羊乳からヨーグルト（ダーヒー）を作る壺や攪拌《かくはん》機、寝るためのブランケットや水汲みのためのステンレスの水瓶、そして運搬や移動に使うラクダや、乳を絞るための山羊。

数え出したらキリがないが、これらは彼らの生活を構成する、さまざまな「道具」たちだ。こうした彼らの「所有」するものに対して、僕はどのように対応してきたのか。そう、「〇〇はどこ？」と問いかけ、自由にアクセスし、使用してきたのだ。そして注意欠陥が著しい僕は、それを「借りた人間に確実に返す」という行為に徹しないで、使用したままほったらかしにすることも多かった。それに対して、彼らが文句を言うことはなく、必要な時に彼らはいつも「あれどこ行った？」と探し回るのが常だった。

懐中電灯はそうした彼らの生活の必需品の中で特別なものではなく、「あったら便利」という程度の、他の道具たちと同等のポジションを得ていたので、それがコーダイのものであろうと同じように接したのだとも思う。

ましてや、「長男」が持ってきたものなのだ。家族がアクセスすることに、何の問題があるだろう？　ここでも、「血」の論理が働いていた。「共有」の枠組みとしての、「血縁」。

こうした状況のなか、僕は必死に懐中電灯を「僕のものだ！」という感覚、つまり「私的所有」にこだわり、常に自らの所有権を主張し続け、貸し出す時には許可を与えるライセンス制を取り続けた。

なるほど、そう考えると、
君たちのものは、僕のもの。

僕のものも、僕のもの。

という論理で僕は動いていたということになり、まさに『ドラえもん』に登場するジャイアン的思考の、典型的な行動となってしまう。どうやら問題は、この「私的所有」にまつわる強固な感覚に囚われている、僕自身にありそうだ。

「奪い取られた」モノたち

この私的所有について考えるために、後日辞書を調べてみた。

【私的所有】private property [E]; Privateigentum [G]; propriété privée [F]
所有とは、本源的には、人間の自然に対する領有あるいは獲得の行為であり、集団として行う社会的行為である。分業の形成とともに、自己の労働による獲得物は自ら取得するという関係が発生するが、しかしこの場合でも、分業労働は集団全体の分業体系の一環として行われるのであり、そのような社会的獲得行為を前提とし、そのなかで、それに対して、個々人の取得が行われるのである。このように、全分業体系をもってする社会的獲得行為を前提にもちながら、それに対して、そこから自らのものとして獲保したもの、いわば奪いとった(privé)もの、これが私的所有である。(傍点は筆者による)

森岡清美・塩原勉・本間康平(編)『新社会学辞典』(有斐閣、1993)

ずいぶん難しい言葉が連なっているが、要は「所有」とは社会的行為を通じてその集団が獲得したもの。その獲得行為が分業によってバラバラになされたものであっても、それはあくまでも集団の獲得なので、社会的な所有となるのだ。その文脈を引き剝がし、奪い取ったものが私的所有となる、と。

なるほど、この「奪い取る」のpriveが、プライベートやプライバシーの語源となっているのか。空間であれ時間であれモノ・情報であれ、「自分のもの」だと囲い込んでいく力＝priveは略奪行為なのだ、という。なかなかに強い言葉だ。

そうなると、モノだけにとどまらず、沙漠での生活で感じるあらゆる不快感が、この社会的な行為としての「所有」をめぐる、感覚のズレから生じていることがわかってくる。

例えば、僕の身体である。これは僕の固有の所有物であるはずで、何人たりとも簡単に取り扱ってはいけないものだ。しかし、彼らの身体接触の多さを考えてほしい。常にペタペタと身体に触れてくるし、ギャグで笑い合うたびにお互いの手を打ち合う仕草を忘れない。どこかに出かけるたびに男性同士で手を繋ぎ、肩を組みあって歩く。あまりに接触が多いため、この身体は僕のものなのか、相手のものなのか、境界が曖昧になってくる。

近代社会では、パーソナルスペースを守れ、侵入するな、などと言われる。並んで使用している机だって、見えない境界線をはみ出すのは失礼にあたる。しかし、沙漠での生活にはそんな明確な境界線はない。自分だけが囲い込める空間などないのだ。常に誰かといて、常に誰かに見られていて、常に時をともに過ごす人がいる。トイレも風呂場もオープンエア。僕が肉体的にも空間的にも時間的にも一人になれる場は、屋根上の「寝床」しかなかった。そこですら、イスマイール少年や幼い弟たちが、「一緒に寝よう」と度々潜り込んでくる、簡単に「侵害」されてしまうような領域なのだ。僕は何としてでも自分の空間、自分の時間、自分の身体を取り戻すべく、常時「ともにある」ことの窮屈さから逃れるべく、パーソナルな時空間を「奪い取ろう」としていた。

そして、その「ともにある」ことが全ての原理として駆動している世界における「モノ」や「道具」たちは、まさにこの密な社会的文脈に埋め込まれていた。身体ですら、境界が曖昧になるほどに接触が推奨される世界なのだ。僕らの身体の、、、、延長線上に存在している「道具」たちも、当然曖昧な接触領域（＝境界）を行き来する、身体の一部として考えられないこともない。

だとするならば、懐中電灯は、全体社会的な「所有」の文脈において、行き来が許されているものになる。僕の、懐中電灯に対してのアクセス権を掌握・独占し、社会的文脈から「奪い取ろうとする」感覚こそ、彼らにとって不可思議で理解が難しいものだったのかもしれない。

懐中電灯は、僕の身体の延長（光で世界を捉えるという視覚能力＝「目」の拡張）にありつつ、彼らの身体（＝目）の延長線にも存在していたのではないだろうか。

埋め込まれた「私的所有」

では逆に、僕はどうしてこれほどまでに「私的所有」にこだわっているのだろう。

幼稚園児だった頃、公園の砂場で一緒に遊んでいた他の子のシャベルやバケツを勝手に使ったことで、その子の母親に怒られたことを思い出す。「他の子のものをとっちゃダメでしょ？」そう女性は言っていた。僕は、その子のものを「とった」わけでも盗んだわけでもない。一緒に遊んでいる自然な流れで、使っていただけだった。

そう考えると、幼少期から僕らは、徹底した私的所有の発想を強要されていた。

娘を持つ父親になった今だからこそ、それを感じる。幼稚園や小学校、中学校に入る時には、妻と共同作業で、園や学校に必要なあらゆる物品に名前をつけまくる、徹夜の日々を送った。衣類には刺繍をしたり、名札を縫い付けたり、ネームプリントを貼り付けたり。筆箱や鉛筆、消しゴム、ハサミなどの文房具。おはじきや計算カードの束のような集合的なものにも、一つ一つ丁寧に名前を貼り付けていった（そうしろと学校から渡されたプリントに丁寧に書いてあったのだ）。名付け地獄。これはきっと、私的所有の感覚を身につけさせると同時に、モノをめぐるトラブルを回避するための、管理上生み出された方法論なのだろう。

この所有をめぐる他者との分断を徹底させる「個人所有」教育は、学校教育で耳にタコができるほど言われる「個性を磨け」という指令とセットで行われる。

僕らは近代社会の中で「個」として生きるための、基本的な「略奪」の論理を、まずは身体に刻まれていたのだ。このことはマックス・ウェーバーの言をもちだすまでもなく、「資本主義の精神」のスタートラインなのかもしれない。[38] 社会的なるものと個人が分断され、個人の飽くなき欲望に基づく競争関係を作り出さなければ、僕らの生きる資本主義社会は成立しなかった。社会からあらゆるものに境界線を引き、分割し続けた結果、最後の単位となるのが「個人 in-dividual（これ以上分割できない存在、の意）」なのだ。僕らの人生は、まず分割・分断されるところから始まる。

さて、こうしてバラバラにされた人間による、平等と自由という大義名分を背負っての競争（資本獲得レース）が始まるわけだが、蓋を開けてみたら僕らはそれほど平等でも自由でもなかった。生まれ持った環境（経済力や文化資本）が、教育格差を生み出すし、僕らに与えられた自由は、資本主義的な生産構造の内側での限られた選択にのみ込まれていくように設計されている。大学生たちは、誰も頼んでいないのに、いつの間にか「どこかの大企業」に就職することを夢見るようになっていく。

こうして、浮遊する情報や財やサービスをお金でもぎ取ろうとする「第三次産業」が全経済活動の7割を占めるようになっていった。その中で、ひたすら消費を生み出し続けるためにも、

「個人所有」は決定的に重要なイデオロギーとなり、人間関係のベースとなったのだ。

パーソナルなモノたちの存在

一方で、僕が見たタール沙漠の世界を、全てが共有（社会的な所有）されている利他的な世界として描いてしまうと、まるで古に存在していた「原始共産制」のような平等社会だと主張しているかのようにうつってしまうだろう。

しかし、そうではない。彼らの世界にも、「個人所有」的な側面がしっかりと存在している。特に、身につけるもの――ドレスや下着や装飾品など――や、女性たちの化粧品、男性たちのターバンや革靴など、パーソナルな嗜好によって選ばれた物品たちは、何人も勝手に使用してはならない。僕の持つ品物の中でも、このような衣類や靴などは、誰も漁ったりはしなかった。

彼らはそれぞれ衣装ケースを持っていて、そういった物品を後生大事に保管している。衣類や装飾品は、それぞれパーソナルな趣味や個としての自我意識を表現するものなのだ。そこは、同じモノであったとしても不可侵な領域なのだ。つまり、彼らの世界には関係性に埋め込まれ

38　個人主義的人間観の醸成が、資本主義の発展に大きく寄与したことを歴史的展開から読み取ろうとしたウェーバーの古典、『プロテスタンティズムの倫理と資本主義の精神』（岩波文庫、1989）より。タイトルが長いので、人文系の人々はみんな「プロ倫」と呼んでいる。

ナクター爺さんの妻と孫たち。胸元の神々ネックレスにご注目！

て循環するモノがある一方、交換が不可能な相互浸透を妨げられているモノたちも存在している。

そういえば、彼らがよくジャラジャラと首からぶら下げている沙漠の神様をあしらったシルバーのネックレスも、彼らの個と社会の関係を表している。パーブーの名は、伝説の勇者パーブー神から取ったものだ。彼はそれを自身のシンボルマークとして大事にし、身につけているパーブー神をあしらったネックレスを誰にも触らせようとしなかった。それは「ワタクシ」を象徴する、とても大切なアイコン（記号）なのだ。

一方で、彼は他の神々をあしらったネックレスも同時につけているのだが、それらは母方の氏族集団の氏族女神だったり、その土地で信仰されている土地神だったりする。そしてそれらの神々のネックレスは、同じエリアに住んでいたり、親族関係が近かったりする人々も同様に身につけており、それらは交換可能だったり、共につけていることを喜んだりもしていた。つまり、個としての交換不可能な信仰と、地縁や血縁を通じたシェア可能な信仰とが、パーブーの胸元には共存していることになる。

「ワタクシ」をめぐる謎

ところで、インド社会の人類学的な研究では、この「ワタクシ」というものがどう扱われてきたのだろうか。

著書『ホモ・ヒエラルキクス』で一躍有名になったルイ・デュモンは、[39]西洋的な個人主義・平等主義と、ヒエラルキーが有機的全体（＝社会）を包摂するインドのような階層社会をわけて考えた。西洋と違って、インドには「ワタクシ」をベースとした社会はあり得ない、とでも言いたげだ。一方でデュモンは、インドにも「個人主義」が存在するとし、それは共同体と袂をわかち、ただ神の名を唱えて誘導するサンニャーシー（現世放棄者・遊行僧）にのみ見られる現象だ、ともいっている。個人と超越的・聖的な世界との繋がり。共同体や社会という文脈から遠ざかるほど、人間は聖性を帯びる傾向があるのかもしれない。

39 ルイ・デュモン著、田中雅一・渡辺公三訳『ホモ・ヒエラルキクス：カースト体系とその意味』（みすず書房、2001）。構造人類学の白眉で、通底する「浄／不浄」イデオロギーから、インド社会の構造的理解を試みたことで有名。シャンパンの名前ではない。

一方で、アメリカの人類学者マッキン・マリオットは、デュモンのインド社会論を、西洋的な個人／社会、平等／階層という対立的な視点で捉える二元論にハマっていたと批判する。[40] デュモンは西洋的な個人主義の超克のために、インドに逆像としての「階層社会」を見出そうとしていた。それは結局、西洋的な二分法を当てはめただけじゃないの？　ということだ。

そこでマリオットは、南アジアに一元論的な社会の姿を見出そうとする。そこでは、「精神（spirit）の水準」と「物質（matter）の水準」、「自然の水準」と「法の水準」が分断されていない。循環しているのだ。人々は食事や性行為、儀礼や日常的な会話などを通じてこの二つの水準を混在させつつ交換関係を作り上げていく（「サブスタンス＝コード論」）。つまり、私たちの生活に溢れている物質性（サブスタンス）と、その生活を支える論理や規則、法（コード）は、分割することのできない、一体化されたものなのだ、という。だから、サブスタンスとコードはイコールで結ばれる。

古代インドの文献からも、このことはよくわかる。世界の真理を扱う「法＝dharma」の教科書『ダルマ・シャーストラ』（コード）には身体論（サブスタンス）が溢れているし、医学書（サブスタンス）には精神論（コード）が溢れている。心と身体の二元論を基盤としてきた西洋社会とは違い、物質と精神、モノと真理は混在しながら、ただそこに生きる人々の中で循環し続ける。だから南アジア社会に生きる人々は、「個人（in-dividual）」ではなく、物質や精神の交換を介して、多様な表れ方をする「分人（dividual）」として捉えることができるのだ、という。[41]

確かに、僕が訪れたタール沙漠の社会では、圧倒的にサブスタンス＝コードの循環の力が強い。それは、本当に目を見張るものがあった。

「ありがとう」がないこと（救済の循環）や、懐中電灯が行き来する姿（モノの循環）は、まさにこの物質性＝精神性が駆け巡る関係のあり方の、豊かさと強靭さを保証するものとして、捉えることができるだろう。モノのやり取り、お金の循環、他者との関係、「血」の共有、食べ物のシェア、供犠による女神との交感、サソリ治療に見られた「媒介」の技術……。過剰なまでに、いろんなモノや精神や「力」が循環していた。それは「個人」を切り離すことではなく、はみ出しあいを許容しながら、ゆれ動きながら、人々をつなぎ合わせていくような論理を、彼らが大切にしてきたということを証明している。

40 Marriott, McKim, 1976, "Hindu Transactions: Diversity without Dualism" in *Transaction and Meaning: Direction in the Anthropology of Exchange and SymbolIC Behavior*, Bruce Kapferer (eds.), pp.109-142, Institute for the Study of Human Issues.

41 「分人」というと、平野啓一郎の『私とは何か：「個人」から「分人」へ』を思い出す人もいるだろう。そこでは、個人のアイデンティティを固定的なものではなく、状況や関係性によって変化する複数の自己として捉える考え方が説かれている。

マリオットの「分人」は、それとはかなり違う。そもそも西洋的な「個人」概念をスタートラインとしていないのだ。関係性があって、そこから流動的な自己が生成されてしまうような世界観を示そうとしている。「個人」がいて分割可能、なのではなく、物質＝精神の流動的な世界があって、その相互作用が多様な人間をその都度生み出していく。でもその人間は常に関係の中で再構築されていくので、常に「ゆらいで」いる。この発想は、本書のテーマにも結びつきますねぇ。

一方で、自らの尊厳として彼らが大切にしているものや、他者との間での競い合う行動からは、彼らの独特の自意識を感じることも多かった。衣装ケースに大切にされているモノや、「どうだ、俺の技を見たか！」という狩猟の際に見せる猛々しさ、懐中電灯問題で見せた光の強さを競う無邪気な彼らや、自身の装飾具の美しさを競う女性たちからは、「個」としての意志の強さも垣間見ることができた。このような側面は、もしかしたら近代社会に生きる我々と、それほど変わらないのかもしれない。

自分の大切なものを不可侵なものとしてしまい込む感覚や、自身の能力や美貌を誇示することで保たれる自己イメージ。だから、僕は彼らを、全く別の論理（例えば「階層性から生まれる秩序によって構成されたインド世界」や、「サブスタンス＝コードの人間観をもつ南アジア社会」など）で生きている「異質」な人々、としたくない。そう思っている。時には彼らの論理に驚愕し、その差異にばかり目が行くこともあるけど、「それはわかる」という感覚、論理や価値観を共感・共有できる部分だって、山ほどあるのだ。だから僕らは、ともに笑い、ともに怒り、悲しみを共有しながら涙を流しあうことだってできるのだ。

もし彼らとの「違い」があるとするならば、僕らはあまりにも「個人」というものに執着し過ぎてしまった社会を生きていて、一方で彼らは「個」を大切にしながらも、他者との相互作用によって生まれる「余白」の空間への許容度が圧倒的に高い社会を創ってきた、ということになるだろうか。異質さを抱えながらの、混じり合い。モノや精神の循環を通じた、曖昧な領域の大切さ。そうでなければ、「Aal Izz Well」の発想は根付かなかっただろう。

僕がすぐに日本から飛び出したくなってしまったのは、きっとこの「個人」を全てのスタートに位置づける社会の閉塞感を味わっていたからだ。いつだって「お前は誰だ」「お前の能力はなんだ」と迫られることで、いつの間にか「こうあらなければならない」自分像を勝手に理想化してしまっていた。そして、そこからこぼれ落ちていく自分に自信が持てなかった。「自分はこんなにすごいんだ」と表現し続け、飄々と世界を渡っていく学友たちもたくさんいた。羨ましかった。尊敬に値した。

けど、それは側《はた》から見ると、少し窮屈そうにも見えた。ずっと肩肘を張り続けなければいけないような、そこから外れてはいけないような、身につけた鎧を常に補強し続けるための強靭な精神を保持し続けなければいけないような、窮屈さ。

僕はずっと、彼らのような生き方に憧れていた。「自分ってすごいだろ」と表明したかったし、認められたかった。

けれど、インドや沙漠の世界での経験は、そうではない世界の可能性を教えてくれた。こぼれ落ちる自分とゆらぐ自分を許容する感覚の大切さを学ぶことができた。そして、僕は少しだけ、自分が好きになった。

第四部

僕がゆるがせてしまった世界

さて、ずいぶんと迂回してしまった。構想段階で、また「ゆらぎ」をテーマにしようと決めた時点で、この本は随分と周縁をさまよい歩く、一筋縄ではいかないものになるだろうな、と感じていたが、案の定。時間が行ったり来たりする、一見するとだいぶん支離滅裂なものになってきた。

だが！　物語はいつだって、直線的では面白くないのだ（言い訳）。あっちこっちいきながら、底流するテーマにいつの間にか戻ってきている、その離散と統合の繰り返しが、ストーリーの面白さとともに伝えたいコアな主題を、その輪郭を、浮かび上がらせてくれるはずだ。

僕は、そんなものを読みたいと、常々思っている。だから、必然的にそんな流れになってしまった。うまいこと伏線回収ができたらいいのだけれど。

第11章　交差する人生

生成の場へようこそ

本書は、インド世界という「他者」を表現するものなのかもしれないけれど、最終的にはずっと「僕」のことを描いている、とても独りよがりなものになりそうだ。そう、いつだって浸透してくる「世界」にゆり動かされてきたのは、僕だ。

でも、僕が描きたいのはそれだけではない。この物語は、僕が勝手に規定していた（日本の「常識」に支えられた）「僕」が開かれていく過程だし、そこからどのように「ゆらぎ」の領域にはまり込み、右往左往していたか、ということを強調してきた。けれど、それは随分とアンフェアではないか？「ゆらぎ」の領域なるものがあるとするならば、それは「主（僕）」／「客（他性）」が入り混じった、もう少し混交・混在した世界であるはずだし、僕がジタバタすればするほど、多くの人たちを巻き込んでいき、少なからず「自分」という殻を「自／他」双方が顕在化させたり瓦解させたりするような、相互行為的な場になるはずだ。

したがって、本書の終盤にかかったこのあたりで、僕は「僕のゆらぎ」とともに、「彼らのゆらぎ」に着目しなければならない、と考えた。つまり、「彼らがどうゆるがされたか」もしくは「僕がゆるがせてしまった世界」についての話をしなければならないだろう。蛇足のように思えるかもしれないし、全体から見るととても紙幅が限定されていてバランスが悪い。けれど、これを提示しておかないと、「ゆらぎ」の領域はいつまで経ってもモノローグ（独り言）になってしまう。

「怒り」は互いのズレを乗り越えるツール

これまでふれてきたように、僕がインドに来ることで、そしてトライブの生活世界にのめり込んでいくにつれて、僕はずいぶんと人々を怒らせてきた。

駅の待合室で遊んでいた幼児があまりにも可愛らしかったのでカメラを向けたところ、その両親からすごい剣幕で怒られたこともある（90年代、インドの田舎町では「カメラは子どもの魂を抜き取ってしまう」という感覚があったのではないかと、のちにインドの友人が説明してくれた）。批判めいたことを言ってバラモンに怒鳴られたこともあった。

トライブ社会に入ってからは、怒られることは日常茶飯事。僕の世界観・価値観は、彼らの生きる世界とは少なからずズレていて、多くの人々の感情を逆撫ですることになった。「ありがとう」を伝えても怒られ、火に足を向けても怒られ、水浴びの際にパンツを脱いでも怒られた。狩りの途中で、絶対に声を出すなと言われていたのに、突然シカやウサギが草むらから飛び出してきて「おわっ！」などと奇声をあげ、せっかくの狩りを台無しにしてしまって怒られたことも。もう際限なく怒られ続けている。人を不快にさせている。

こうしたインド世界によく見られる怒りの表出は、日本ではあまり見られないものだったので、僕は当初とてもびっくりしたものだ。前述の通り、インドで出会う人々は感情表現が直接的（よく言えば「豊か」）なのだ。

とある研究では、日本社会においては、他国に比べて他者に対する怒りの表出を抑制するという「文化差」が際立っていることも指摘されているし、怒りの感情がとてもわかりにくい、とも言われている。その怒りの表出の仕方は、「平静を装う」「遠回し」「表現や口調の変化」などが主たるもので、抑制されつつ微細に表され、決して直接的に明示しないのが特徴であるという。あえて主張しなくても、相手は真意を理解してくれるだろう、という期待が前提とされている社会なのだ[42]。

一見すると、インド社会のようにストレートに怒りを表現するということは、異質なものに対して厳格で、排他的な社会なのでは？　と思われるかもしれない。でも、僕はそう思わない。

42　木野和代「日本人の怒りの表出方法とその対人的影響」『The Japanese Journal of Psychology』（2000）Vol.70, No.6, pp. 494-502。

「あなたはズレている」「あなたに怒りを感じる」と表明することは、「あなたと繋がりたい」の裏返しではないのか？　そう僕は旅をしながら考えていた。つまり、他者に強烈な関心があるゆえに、つい感情を露わにしてしまうのだ。それが初対面であったとしても。

常に互いにズレを抱えているということが前提となっているがゆえに、つながるためには乗り越えなければならない摩擦や衝突があるということを、彼らは知っているのではないか。「わかってくれよ」「当然わかるよね」という態度は、とても独りよがりで傲慢だ。平静を装ってスルーすることも、互いに差異を認識した上でより深い関係を築こうとする意思を、端《はな》から放棄することになっていないだろうか。

怒ることは疲れるし、怒られると確かに凹む。「あんなこと言ってよかったのかな」と怒った方も考えるし、「なんであんなこと言われなきゃいけないのか」と怒られた方も苛立ち、悩む。そう、「怒り」の表出をめぐって、双方がゆらぎ始めるのだ。そしてそのゆらぎの先に、新たな気づきや新たな関係の可能性が待っている。そう信じたい。

つまり、僕はこの「怒りの表出」が、うまいことといけば、より良い関係へとつながっていくための素晴らしいツールになるものだと考えるようになった。僕も他者に対して怒る、という行為を自然とするようになっていったのだ（特定のバラモンと懐中電灯に関しては、僕は怒ってばかりいた）。そして、異国から来た異質で失礼な僕に対して、怒りをストレートに表現してくれる人に対して、感謝さえするようになっていったのだった（その場では戸惑うし、ムカつくけど)。

そこに関係があるかぎり、僕らは「ゆらぐ」ことができる。「怒り」は「ゆらぎ」への最短ルートだ。そしてこの「ゆらぎ」は、僕や他者の世界を拡張し、関係性を深化させ、主客を超えた新たな領域を作り出すことに寄与してくれる。

一方で、この「ゆらぎ」を否定することもできる。それが、「わかってくれよ」「愛してくれよ」という一方的で、独我的な世界だ。そして(他者に関心があることを装った)無関心の領域なのだ。

それは、つながっているようで、つながることができない。「生成の場」ではなく、「静性の場」(ちょっとうまいことを言った)。何もゆさぶられない、平坦な世界。それも大切だ、とも思う。常にゆさぶられていては、たまったもんじゃない。でもそれだけだと、僕らはいつまでたっても変われないし、自分も他者も許容できない。でも、「ゆらぎ」の世界は、そんなに諸手をあげて賞賛すべき世界なのだろうか。本書の締めにあたって、僕はこの世界のもつ、「負」の側面にも少し光を当てたいと考えるようになった。

狂気と向き合った日々

沙漠のトライブの人々に与えてしまった影響を考える時、僕は今でもしっかり刺さっている、心のトゲのことを思い出す。本書でも、この生々しいトゲについて、向き合わなくてはならなくなるだろうと覚悟していた。

時は、僕が最も長い時間フィールドワーカーとして沙漠の世界に滞在していた、2004〜2006年の留学生だった頃だ。僕は、深く彼らの世界にのめり込み、次第に自身の輪郭を失い始め、まるで彼らの世界に最初から存在していた人間だったのではないかと錯覚してしまうほどに、彼らの生活世界に埋もれていた。そんな時に、自分が相変わらずこの世界では「異質」な存在なのだと、強烈に思い出させられた出来事があった。僕が一人の男性を文字通り狂わせてしまった、という出来事だ。

パーブーは当時、観光業でシノギを削りあうのに疲れ果て、ヒエやラクダの飼料などを中心とした農業で、生計を立てていくための基盤作りに奔走していた。中古のトラクターや、政府が遠方に設置したポンプから水を運ぶためのウォータータンクを探し歩いたり、親類関係を訪ねて金策に駆けずり回ったりしていた。

僕といえば、この沙漠の地でアグリビジネスがどのように構築されていくのかに興味を持って、走り回るパーブーと行動をともにしていた。起業というのは、ワクワクするものだ。これまでに行ったことのない集落や販売業者たちの世界は、ツーリストでは見ることのできないリアルな沙漠市場の裏側を垣間見るようで、刺激的だった。

親戚を訪ねて金策に走っていた際に、僕らは何度かパーブーの生まれた集落の近くにあるJ村を訪れ、宿泊をしていた。この集落には、同じビール・トライブの中でもカーリンダーと呼ばれる氏族が集住しており、黄砂岩の採掘や運搬のビジネスで随分と富を蓄積した人々が生活していた。当然、援助を受けるためには訪れるべき集落だった。

この地には、僕が随分とお世話になっていて、かつ気を許していた素敵なオジサマがいた。仮に名前をトーピーおじさんとしよう。彼はいつも素敵なハンチング帽（トーピー）をトレードマークにしていたからだ。

彼と出会ったのは、この地を訪れる以前のことだ。パーブーの次弟の、1週間ほど続く婚姻儀礼の際に、彼には随分とお世話になった。トーピーおじさん（以下、トピおじ）は、カーリンダー氏族の代表として、遠方の県南部のパーブーの世帯にしばらく泊まり込み、婚姻儀礼のサポートを買って出ていた。この結婚式のことを詳しく書くだけで一冊の本になりそうなくらい目まぐるしい酔狂な日々だったのだが、4月の炎天下で行われたこの荘厳な結婚式の際に、僕は疲労と酷暑にありがちな脱水症状で、数回気を失っていた（マジです）。その時に、常に近くにいてくれて、介抱してくれたり、気を遣ってくれたのが、このトピおじだったのだ。

ある時は、どうにも着こなしがうまくいかず、ズルズルと落ちてくるドーティーと呼ばれる腰に巻いた衣装に悩む僕に、自身が持ってきた肩掛けのカバンのショルダーベルトをナイフでザクッと切り、僕の腰に巻きつけて安定させてくれたのも、彼だ。そのあと僕は彼らの伝統的な衣装に悩まされることがなくなった。

花嫁を迎えにいくために80キロも離れた土地へ、ゆさゆさとラクダに乗って向かった時にも、彼がよく助けてくれた。足腰の筋肉痛に悩まされ（何時間もラクダに乗るというのは、その名前に反してラクではない）、直射日光にやられてフラついている僕を見つけ、ラクダに取り付けた鞍をうまく改良し、横乗りにできるようにして、鞍の上でコブに斜めに寄りかかる形で座れるようセッティングしてくれたのも、彼だった。ラクダに横乗りの状態でゆられていくのはとても心地が良く、この方法でなかったら僕は弟の花嫁が住む村への往復の途中に落馬ならぬ落駱駝し、乾燥した大地の肥やしになったことだろう。

当時、僕のことを気にかけてくれるのはパーブーしかいなかったから、この地獄の婚姻儀礼の期間（『マッドマックス・怒りのデスロード』的な日々）にトピおじがいてくれたことは、心の支えとともに物理的に生き延びることのできた理由だった。そう、彼は命の恩人なのだ。

ちなみに当時のパーブーといえば、弟の壮大な結婚式を取り仕切る「主催者＝アヌワール・ラージャー」の役割[43]を担うのに必死であり、僕の存在は彼の視界にはなかったのだ。

このようなわけで、トピおじは僕にとって恩人であり、キツい時に頼りになる、最も重要な人物の一人だったわけである。そして彼は、隣家のクリパーおじさんのように、事あるごとに怒りをぶつけてくるようなタイプの人ではなく、温和で、常に顔に微笑を湛えた、包容力たっぷりの大人物なのである。そして彼の褐色の目の深み、スッと通った鼻筋、笑顔が染み付いたようなシワの一本一本が、トレードマークのカーキ色のハンチング帽とマッチし、彼の人物としての魅力に繋がっていた。いってみれば、トピおじは沙漠の「イケオジ」なのである。

久々の出会いと、ある事件

その後も、時折彼と会うことはあったが、今回金策のためにJ村に向かうとパーブーに知らされた時、僕の中では、そこでどれくらいお金を工面できるかということより、トピおじに会える！　という喜びが優っていたのはいうまでもない。

この村の人々は、砕石のためのクレーンやユンボ、石材運搬のためのトラック／トラクターなどに早い段階で少しずつ投資をし続け、石材産業の変化にうまいこと順応しながら一財を築いてきた人ばかりだ。そのため、屈強な男たちが多い。僕とパーブーを乗せたオートリクシャー（三輪のタクシー）がこの村の中央に停車すると、筋骨隆々とした、妙に目がギラギラとした強そうな男たちが、次々と現れて、僕らを囲んだ。そしてその中に、あの温和な笑みを湛えたトピおじを見つけると、僕は走り寄って足を触り、お決まりの挨拶をした。彼は「よく来たな」と僕の頭を撫で、肩を叩き、自身の家に招き入れてくれた。満面の笑みを湛えて。随分と久々の再会だ。

実は、このトピおじとは、ちゃんと話をしたことがない。なぜなら、彼の話す言葉が極めて

43　本来ならばパーブーの父が担うべき役割だったが、父はその頃すでに肺を病んでおり、メンタルも弱っていた。パーブーは長兄としてその役を買って出たのだった。

聞き取りが難しかったからだ。ラージャスターンの西部エリアで聞かれるマールワーリーという地方言語からもだいぶん外れた、この地のトライブの人々に特有の訛りのある話し方で、僕には何を言っているのかさっぱりわからなかったのだ。市街地から北にしばらく向かったところにあるこの沙漠の小さな集落は、南部エリアとは違って観光化の波とも縁遠く、英語やヒンディー語と触れる機会も少なかったのだろう。トピおじくらいの世代だと、学校に通った人もいないはずだ。

そんなわけで僕は、彼と深い会話ができたわけではなく、身振り手振りで何かを伝えようとしたり、おどけて変な動きをしたりするのが関の山だった。しかし、そんな僕の一挙手一投足に、彼はにこやかに「うん、うん」と相槌をうち、時には大声を出して笑ってくれたのだった。僕はまるで彼の息子になった気分で、随分と打ち解けていたのである。

その日の夕食は、忘れられない思い出となっている。

たまたま近所の男性が捕まえてきたウサギ数羽を豊富なスパイスで煮込み、それを肴に、沙漠ではなかなか入手することのできない輸入物のスコッチ（合法）を楽しんだ。

安定した収入源があるというのは、それなりに素敵なことだな、と思った。彼の家だって、中庭の広い、この地で採石される黄砂岩をふんだんに使った石造りの立派な家なのだ。比べて申し訳ないが、パーブー一家の泥造りの小屋とは、趣が違う（パーブーの家も、それはそれで素敵なのだが）。中庭には鎖で繋がれた、可愛らしい犬だって飼われているのだ。トライブにも、随分と貧富の差があるのだと実感した。こうした生活を送るためには、長年積み重ねられた確かな採石技術と、それをフルに活かすために必要とされる近代的な機材たち、それらを政府や銀行の融資を活用しながら備えていったビジネスの才覚が必要とされているのだ。一度も教育を受けていない彼らが、それをやってのけた。奇跡のようだ。

僕らは広々とした屋根にたっぷりのゴザとブランケットを持ち寄って、満点の星空の下、ウサギ・カレーとスコッチを楽しんだ。トピおじの歌も素晴らしく、僕らは空になったボトルやペットボトルを片手に、拍子をとって盛り上げた。ひんやりとした静かな夜更けには、どんちゃん騒ぎが最も適切なのだ。

延べ20名を超える人々が、行ったり来たりしながら繰り広げられた酒宴も、気がついたら一人減り二人減り、そのままブランケットを巻き付けながら眠りだす人が増えてきた。トピおじは少しふらつきながら、指を下に指し、のそりのそりと階段を降りていった。「もう寝るからな」という合図だったのだろう。それを機に、パーブーをはじめ、屋上に残っていた5〜6名の男性たちは思い思いの場所で横になり、いびきを立て始めた。僕も真夜中の気持ちのいい冷風を顔に感じながら、ほろ酔い気分で睡魔に襲われるままに眠りについた。

どのくらい時間が経ったのだろう。僕は（正確には屋上にいた僕らは）、うぉぉぉおおお！！！

という野犬の遠吠えのような、地響きのする声と、きゃあぁぁぁああ！！　という女性の悲鳴、ガシャンガシャン!!　とガラスや食器が崩れ落ちる、夜気を切り裂くような音で目が覚めた。鳴り止まない遠吠えと絶叫が、階下から聞こえてくる。

その時の、周りにいた男たちの機敏な動きは、すごかった。ガバッと立ち上がると階下に向けて走り出したのだ。通報があって飛び出す消防士の姿に似ているなと、半分まだ頭が回っていない僕は、彼らの姿に呆然と見入っていた。

屋上から恐る恐る覗いてみると、階下の部屋のアルミ製のドアが大きく開け放たれ、一人の女性が悲鳴を上げながら飛び出してきた。それを追いかけるように、熊のように獰猛《どうもう》な仕草で男が後を追い、女性の足にタックルしたかと思うと、転んでうつ伏せになった女性に馬乗りになって、殴り始めたのだ。そこに周囲から集まってきた男たちがその男性を女性から引き剥がし、無理やり地面に捩じ伏せて、押さえつけた。フゥゥウウ、フゥゥウウと、顔を地面に押し付けられた男性の激しい息遣いが中庭にこだまし、女性は後からやってきた女性陣に付き添われ、安全の確保のために部屋に入っていった。

中庭の薄暗い中で起きたこの怪事件は、誰かがろうそくやランプなどの照明を持ってきたことで、少しずつその全貌が明らかになっていった。そこで捩じ伏せられ、バタバタと抵抗していたのは、あの温和なトピおじ、その人だった。

その後多くの男性たちによって、トピおじは、犬を繋いでいた鎖で手足を固定され、柱に縛り付けられた。目は充血し、顔に怒りで血管を浮き出させながら、必死に抵抗しようとしているトピおじ。多くの男性が、「どうしたんだ、大丈夫か？」「いったい何があったんだ？」と彼に尋ねようとするも、本人は血走った目をギョロリと動かすだけで、口からは野獣のような唸り声を出し続けている状態だった。しばらくすると、柱に縛り付けられたトピおじは、力が抜けたのか、そのまましゃがみ込むように柱づたいに崩れ、ぐったりとしてしまった。僕はその頃には階下に降りてきていて、遠くから様子を伺っていたが、パーブーが「近づくんじゃない」と言って、僕を家の外に連れ出してしまった。

何が起こったのかわからないまま、僕は冷たい夜風に吹かれながら静かに状況を察するほかなかった。しばらくしてパーブーが家屋から出てきて、わかる範囲で事態を説明してくれた。

「トピおじが狂ってしまった」と。

災いを持ち込んだ男

彼は以前（20年前くらいの話とのこと）にも、同じような症状で、突然狂気に陥り、周辺の人間に殴りかかっては、取り押さえられるという「事件」を起こしていた。普段は優しく、気遣いのできる「いいヤツ」だったので、その頃多くの村の人々は、にわかに信じ難いと考えていたようだ。

当時村の人々は、この出来事を彼の内面的な問題というより、彼に取り憑いた悪鬼《ラークサス》のせいだと考えた。しばらくそのような症状が続いたのちに、村の人々はトピおじの氏族女神であるハルスィッディー女神の聖地をいくつか回り、祈り、山羊の供犠を行い、取り憑いた悪鬼を祓おうとした。「女神が、彼に取り憑いた悪鬼を打ち負かした」という司祭であり霊媒《ボーパー》の託宣を得たのちも、症状はすぐには治らなかったが、1年ほど経つと彼はまた平穏な日々を送るようになった、という。

その記憶が薄れかけていた、もしくはその出来事を共有していなかった村の人々は、降って湧いたような今回の騒動に、ひどくショックを受けているようだった。

このような、村の秩序に亀裂が走るような出来事があった時、彼らはその外部に原因を求める傾向にあることは、僕もよくわかっていた。以前は、取り憑いた悪鬼の仕業だと断定された「原因」は、今回は（直接明言しないものの）明らかに外部からやってきた「僕」という人間に帰されていったのだろう。彼らは「コーダイ（僕）が訪れたことが、このような事態を引き起こしたのではないか」と語り合い、それをパーブーに伝えた。パーブーの表情はとても硬かった。

静かにベッドに寝かされたトピおじを見届け、家屋から人々が出てきた。出てきた人々が僕に気づき、そして僕に投げかけた眼差しは、同情のような、そして少し残念そうな、哀れみの色に染まっていた。「ああ、君の悪意がそうさせたんじゃないんだ。君はいいやつだ。でも君は、外部の人間として、持ってきてはいけない悪い影響を持ち込んでしまった。君を責める気も怒る気もないが、できる限り早くこの場から立ち去ってほしい」。そう言われているように感じた。そしてその気配を察知したパーブーは、トピおじの様子を最後まで見届けることもなく、僕の手を引いてこの村を早急に去ることを、選択した。

僕が、あの優しいトピおじを、狂わせてしまった。

この「事実」に、僕は随分と苛まれることになった。パーブーはその優しさから、

「そんなことは全くない。君が原因だなんて考えられない。彼らは無知だから、そのような論理で納得しようとしただけだ。君が気に病むことなんて全くないんだ」

と繰り返し僕を励まそうとしてくれた。

僕も、そう思いたかった。

しかし、僕に向けられた村の人々の眼差しは、僕の脳裏に残り続けた。あの光景を思い出すだけで、僕は自責の念を強く感じ、胸を焦がされたような気持ちになった。その感情は、今でも蘇ることがある。

謝罪すら許されない

僕がその後、考え抜いて出した結論は、こういうものだ。

僕は、彼の狂気の直接の原因ではないにせよ、深く眠っていた「それ」を揺り起こし、再発させたトリガー（引き金）となってしまったことだけは、おそらく「本当」だろう、と。

狭い共同体の世界の中で、そうなってはならないと、精神の檻をしっかりと建造し、女神に祈りを捧げる生活を粛々と送り、人々に温厚な対応をし、心安らかに日々を過ごしていたトピおじ。そこに、共同体的な論理を共有していない、彼にとって「開かれた可能性（精神の檻の外部に接続しうる可能性）」をはらんだ青年（＝僕）がひょっこりと現れる。言葉は通じないが、そこで生まれた言葉を超えた精神的な交感（僕らは、本当に仲が良かった）は、彼をその檻から飛び出させてしまうほどの刺激となってしまった。僕は、彼のパンドラの箱を開けてしまった。彼がしまい込んで鍵をかけた「それ」を、僕という開かれた「可能性」によって、解放してしまったのだ。そう考えることが、自然な気がしてくる。

一方で、そのような「因果関係」に納得したところで、僕の気が休まるわけではない。実際このジャイサルメール県の北部の小さな村で起きた事件は、瞬く間に沙漠を駆け巡り、多くの人々が「コーダイが原因だった」と語り合っているような気がしてくる（少なからずそういった状況はあったろう)。僕もこの出来事の後、随分と悪夢にうなされる日々が続いた。

数ヶ月後、彼の消息が耳に入った。あの事件の後、彼は村人に付き添われて、若かりし頃にとられた「解決策」と同様、女神の聖地巡礼を続け、山羊を供犠し、今では随分と落ち着いてきているという。僕はホッと胸を撫で下ろすとともに、彼に会いたい、会って謝りたい、心配と迷惑をかけてしまった村の人々に、何か埋め合わせをしたい、という気持ちが募っていった。

パーブーは静かに、「やめておいたほうがいい」と言った。しかし、その頃はまだ「僕が原因だと思われていない」という小さな希望の光を見出そうとしていた僕は、「誰かJ村の人に聞いてくれ、僕がお見舞いに行っていいかどうか」とパーブーにお願いした。彼は「わかった」と言って承諾してくれた。

しかし、数週間後に出会ったJ村の人との対話の中で、「コーダイを連れてくるのは得策ではない」という結論に至ったと語ってくれた。やはり僕は、あの村の秩序を乱す外来者として捉えられているという事実を再度確認し、もう二度とトピおじに会うことができないという現実を受け入れるしかなかった。そしてその状況は、現在でも変わっていない。

出会いはつらいよ(?)

この話を聞いて、読者の皆様はどう感じられただろうか。

ほれみろ、人類学者だかなんだか知らんが、人様が生活を営んでいる世界に土足でズカズカと入り込むようなことをするから、こんなことになるんだ。

そのような誹《そし》りを受けたとしても、僕には何も言い返す気持ちも論理も持ち合わせていない。そう、僕ら人類学者は、他者の世界に入り込むことを生業としている。そしてそれは、とても図々しく、不躾なことなのだろう。

けれど、上記の発言の「土足でズカズカ」という部分は、違うと信じたい。僕らは、細心の注意を払って、できる限り他者の尊厳を傷つけないように、丁重に世界に入ることを訓練されている（はずだ）。学ばせていただく、が大前提。そのような姿勢は、フィールドワーカーとしては最低限身につけているつもりだ（時には突発的に怒ってしまうけど）。

どうしたって僕らは、他者の世界に参入し、他者と共にあることを心から喜び、楽しみ、不快にも感じ、怒りを覚えたりもする（これは、人類学者云々を超えた話でもある）。つまり、僕らは他者との邂逅《かいこう》に、大いにゆさぶられ、ゆるがされるのである。

一方で僕らの存在もまた、どうしたって他者を少なからずゆさぶり、ゆるがせてしまう。その関係が、学び合ったり、既存の価値を再構成したり、新たなものを創造したりという、「良い」変容を生み出すことになれば、それは素晴らしいことではないか、と思う。

僕らの生きる世界には、他者との邂逅が起きない閉ざされた場所など存在しない。[44] だとするならば、僕らが出会う時、それが思い出深い、素敵なものになるに越したことはない。自／他の持つ世界認識の違いに圧倒されながらも、双方が新たな世界の扉を開きあい、既存の価値に少しゆさぶりをかけられながら、そして時には小さな衝突を生み出しながら、ともに歩んでいく道を模索できたら、それは素晴らしいことだろう。

しかし時には、ここでお話ししたような「負」の出来事を巻き起こしてしまうこともある。そのことをあえて本書で表現したかったのは、「ゆらぎ」の世界を称揚するばかりで、その胚《はい》胎《たい》する危険性に目をつぶってしまうことは、不誠実だと感じたからだ。

それでも僕らは、出会ってしまう。影響を与え合ってしまう。ゆるがせあってしまう。だとするならば、その出会いを、少しでも豊かなものにしていこうと志せば、もう少しこの世界の未来は明るいものになるのではないか。意固地になって自身の殻に閉じこもるより、生まれ育った世界の規範や常識に囚われ続けるより、張った肩肘を少し緩め、世界を許容し、ゆるがされるままに生きてみよう。そんな生き方があってもいいのではないか。そんな思いで、

44 文明の影響を全く受けていない「純粋な」先住民族、などという報道や番組があったりするが、それはあまりにもナイーブな他者表象だ。ＮＨＫで話題となったアマゾンのヤノマミの人々だって、「原初の森と人」と描かれていたが、すでに19世紀から宣教師が入り、現在は保護区だが徹底した僻地医療が施されてきたし、近代的なTシャツを着ている姿も映し出されていた。こうした「未開社会」を称揚する表現を、プリミティビズム（原始主義）という。そしてそれは、近代的な世界に生きる我々の願望を映し出したものなのだ。

本書に向き合ってきた。いつかトピおじと、「あの時は大変だったなあ」と語り合えるその日が来ることを、心から祈りながら。

レザーショップの青年

蛇足のようだが、最後に僕がゆるがせてしまった世界での、少しだけ素敵な話をして本章を閉じよう。

2016年夏、いつものようにあてもなくフラフラとジャイサルメール城砦の迷路のような小路を歩いていたところ、開店したばかりのレザーショップを見つけた。白塗りの壁にしつらえられた棚に、そっけなくレザーで作られた商品が並べられているだけのスカスカとした店。まさに出来立てホヤホヤの店だ。ただ、その陳列された商品たちは、とても厳選されていて、質の高いものに思えた。美しい装飾の施されたブックカバーやメモ帳、メガネケースにペンケース。ラクダの皮の淡い色合いと、それでいて少しきめが粗い感じが、なんとも好ましい。手に持つと、意外と柔らかく、しっとりと手に吸い付く感じもいい。素材にこだわりがあることがわかる。値段は高めだが、良質な商品であることに誇りをもっているのが伝わってきた。

丁重に声をかけてきた青年。少しぽっちゃりとした小柄な身体と、愛想のいい笑顔。この店のオーナーで店長だという。この若き店長は、店を開始するにあたっての苦労や、そしてどうしてもこの店をうまく成功に導きたいという思いを語った。母が病気なんだという。この店の売上で、都会にある立派な病院に母を入院させたい。彼はそう言い終えると、店の商品を一つ一つ丁寧に説明してくれた。

「君は随分とフレンドリーだね。あと、こんなに丁寧な店員はあまり見たことがないよ」

「ええ、あなたは日本人でしょう？　僕は日本人が大好きなんだ」

「たんで？」

「僕が小さかった時に出会った日本人のツーリストが、すごく素敵な人だったんです。今でも彼のことをベストフレンドだと思ってます。連絡先は知りませんが」

「彼とはどこであったんだい？」

「僕の家に間借りしていた旅行代理店があって、そこに来てくれたんです。毎日遊びに来てくれた。彼と出会ったことで、僕はツーリストと出会う仕事がしたいと思うようになりました。だからキャメル・サファリの仕事もしてみたりしたけど……代理店が多すぎて、なかなかうまくいきませんでした。その時に、腕のいいレザークラフトの職人に出会いました。とてもラッキーでした。そこで代理店を退職し、今回レザークラフトの店を立ち上げました。それがこの店なんです」

「なんかその話、聞き覚えがあるんだけど……。その日本人の名前は？」

「彼はコーダイという名前でした。もしや、ご存じですか？」

僕はのけぞった。この青年こそ、パーブーと最初に時を過ごした城の上での日々にスパイスを添えてくれた、あの可愛らしいバラモン世帯の少年、リーラーダルだったのである！（第4章参照）。当時の面影は……あまりなかった。鼻下に髭も生えていたし。

「おいそれ、僕のことだよ！」

僕らはしばらくはしゃぎながら、再会の喜びに浸ったことは言うまでもない。彼が鮮明に覚えていたのは、夕方になってやってくる僕が、必ずM&M'sのチョコレートを買ってくることだった。僕らは、一粒一粒、宝石を扱うように、色とりどりに着色されたチョコレートを味わったものだった。素敵な思い出だ。

そして、パーブーを座らせるためにカーペットをひっくり返したあの気丈なバラモン母が、今ではすっかり歳をとり、病に伏しているというのも、心に刺さる話であった。時の流れというものは、なんと無情なものなのだろう。

彼は記念にと、僕が気に入ったレザーのペンケースをお土産にくれた。実に20年もの歳月を経た再会と、あの時の出会いが彼の人生を大きく変えていたという事実が、僕をとても幸せな気持ちにしてくれた。彼とは今でも時々連絡を取り合って、あの頃のように夕方のひと時を過ごしている。

末弟の成長

蛇足ついでに、もう一つ話をさせてほしい。パーブー家の一番下の弟、グンパットについてだ。

彼は僕がパーブー家にやってきてからというもの、その年齢もあって（当時彼は3歳くらいだった）、泣いてばかりいた。他には見られない色をした僕の存在が怖かったのだ。ある時パーブーが彼をヒョイと持ち上げて、「コーダイに挨拶をしろ」と僕の顔に近づけてきたときの、彼の表情が忘れられない。恐怖に顔を歪ませ、目を見開き、頬を真っ赤にして大粒の涙を流していた。

しかし、時が経つにつれて、彼はとても聡明な少年に育っていった。彼の頭の良さに気がついたのは、僕が持ってきたトランプを使って、「51」というゲームを家族のみんなに教えていた時だ。同じマークの手札を集めていくこのゲームは、学校に行っていない子どもたちを相手に行うには、少しハードルが高かった。カードの総計を51にするという感覚が、なかなか理解してもらえない。また、足し算に慣れていない子どもたちは、どうやっても札の交換の際に時間がかかってしまう。でも、少しでも算数の勉強の足しになるかなと思い、僕はしつこく子どもたちにルールを伝え続けた。それを、参加しないでじっと見続けていたグンパットが、「僕もやらせて」と入り込んでくるなり、次々と連勝を叩き出していったのだ。彼は、完璧にルールを把握していた。その頃、5歳くらいだっただろうか。

彼の数学的・論理的才能に気がついた僕は、街に行って初等教育用の教科書を買い求め、毎日少しずつ算数のレッスンをすることにした。恐るべきは、足し算も知らなかった少年が、数ヶ月もすると二桁の暗算までできるようになっていったのだ！　このことを家族に告げると、グンパットだけは学校に行かさなければならないと判断したのか、彼らは無いなりに、なんとか入学金と授業料を工面した（おそらく相当借金を重ねたのだろう）。末弟の将来に、家族の未来を託そうとしたのだろう。

学校でもメキメキと頭角を現した彼は、次々と教育課程をクリアし、地元の名門ハイスクールを出ると、ラージャスターン州立大学にあっさりと入学してしまった。これはいわゆる「トライブ枠」と呼ばれる留保枠[45]をうまく利用したものだが、それでも相当な学力がないと難しい。僕はそのお祝いに、デリーで買った中古のノートパソコンをプレゼントした。

彼の夢はパイロットになることだった。州立大学では流体力学や航空工学なんかを学んでいたようだ。僕は彼の住まう寮に、一度だけ遊びにいったことがある。狭く暗い独房のような部屋に備えられたエアクール（水滴を扇風機でぶちまける装置。エアコンとは違うもの）の爆音が凄すぎて、耐えられなかったのを覚えている（その部屋には4人の大学生が雑魚寝をしながら暮らしていた）。

同居人たちは、マッチ箱のような小さな木箱から、引き出しを引くと虫のおもちゃが飛び出してくるといったジョークグッズを自分たちで生産していて、店に卸したりしていた。それが、なんとか州都で食いつないで行く彼らなりの工夫だったのだ。将来エア・インディアで世界中を飛行するパイロットになるかもしれないエリートの若者たちが、牢獄のような部屋に閉じ込められながら内職で生き抜こうとしている姿は、とても胸を打つものだった。

その後、トライブの子どもたちへの教育事業（シュタイナー学校の誘致）がジャイサルメールで始まると、彼はパイロットになる夢を変更してジャイサルメールに帰還し、同学校の先生になった。そしてその仕事に、彼は天職とも言えるような才能を、遺憾なく発揮することになったのだ。

最初こそ恐怖の対象でしかなかった僕の存在は、やがて甘えることのできる海外から来た「兄ちゃん」になり、勉強を教えてくれて、将来の可能性を拡張してくれる伴走者となり、今でも悩みや将来への道筋に不安が募ると連絡をする「良き相談者」ともなっていった。

パーブー一家を訪れるたびに号泣していたあの少年が、いつしか僕がこの家から出て帰国の途につこうとする時、その別れ難さと寂しさから号泣するようになった。僕の沙漠におけるさまざまな調査にも付き合ってくれて、時には現地の言葉を見事にわかりやすく教えてくれたグンパット。ここにも、パーブーとの関係に負けないほどの交感の形と、二人の相互行為が創り上げていった独自の空間が存在している。これも、僕の宝物だ。彼も、僕が強くゆるがされ、ゆるがしてしまった人物の一人としてカウントしていいだろう。

45 「後進的社会階層」と呼ばれる、地方自治体が認定する人々に対して与えられる、留保制度のこと。全人口における人数の割合分、公務員や公立の教育機関の入学枠などが留保されている。トライブは「トライブ枠」が用意されるほか、開発政策などにおける優遇が得られるような仕組みになっている。

「ともにある」こと

さて、実はこのような話は枚挙にいとまがない。僕という存在が、現地に対して及ぼした影響は少なくないだろう（良くも悪くも）。随分と昔の人文科学者だったら、現地に影響を与えるな、透明な存在として、第三者的に世界を把握しなさい、などと言ったかもしれない。でも現代のアカデミズムでは、「研究者」「人類学者」たちが及ぼす影響には敏感になりながら、透明になろうとするのではなく、逆にその存在を可視化していくことの重要性が説かれるようになった。もっと他者とのあり方に敏感であれ、注意深くあれ、そして明示的であれ。そして、「ともにあれ」。本書の性質は、そのような学術的な流れの中に、位置づけることができる。

いずれにしても、僕ら人間という存在は、「ただそこにいる」というだけで、否が応でも多くの影響力を持ってしまうものだ。だから、世界から孤立するなどということは、生きている限り不可能だ。

バタフライ・エフェクト[46]を引き合いに出すまでもなく、僕らは存在するだけで、強い影響を他者に与え、他者から強い影響を受け続ける。僕らは、「人―間」なのだ。

だから、難しい。その響きあいとゆらぎの世界への参入は、何かを動かし、生み出す力を持つが、その因果をどのように（正／負のように）評価するのか、誰もその基準や正解を知らないから。もしかしたら、トピおじが「狂った」ことが「正」で、リーラーダルやグンパットの人生に与えた影響が「負」だと言えないこともない。そう思われた読者もいたかもしれない。だとするならば、僕らは評価を恐れて閉ざそうとすることを、やめるべきなのだろう。力を抜いて、開く練習をしながら、ゆらぎの領域に入ろう。独り言からダイアログ（対話）、そして複数の声や力が重なり合う、ポリフォニー（複声）の世界で、揺蕩《たゆた》おう。きっとその世界は、少し不安定だけれど、あらゆる可能性に満ちた、エネルギッシュで包摂的な、「生成の場」なのだから。それが僕らの「生」を少しだけ自由でダイナミックなものにしてくれるはずだから。

パーブーと三人の子どもたちとともに。

46　気象学者のエドワード・ローレンツが提唱した、力学系の状態にわずかな変化を与えると、そのわずかな変化が無かった場合とは、その後の系の状態が大きく異なってしまうというカオス理論で扱われる現象。「蝶がはばたく程度の非常に小さな撹乱でも遠くの場所の気象に影響を与えるか？」という問いかけで有名。そしてその答えは、是である。

エピローグ

「なあパーブー。今度僕はこんな本を書こうと思ってるんだ。僕がインドにやってきてから、この世界にメタクソに翻弄された話。どうやってもうまく立ち回れなかった話。それでも僕が随分と変化していった話。あと現地の人々にとても迷惑をかけた話。どうだい？」

随分と前に、僕はこんな話をパーブーにしていた。彼は即答した。

「あん？　そんな話の何が面白いんだ？」

「う〜ん、そうだなあ。パーソナルな失敗談って、それだけで面白くないかい？　日本では『他人の不幸は蜜の味』みたいな表現があるんだ。僕はすごくヘタレだから、そんなネタの宝庫なんだよ」

「その感覚、あまりよくわからないな。誰だって失敗するし、恥をさらけ出す。人間なんてそんなもんだろ？　不完全で、不条理で、コントロール不能で、他人に迷惑をかけ続ける、どうにもならない存在が人間なんだ。そんなあたりまえのことを書いたって、誰が興味を持つんだ？」

沙漠のソクラテスが、また本質をつくようなことを、あっけらかんと言ってのける。

「そのあたりまえが、もしかしたら僕が生きてきた日本の社会では、あまり通用していないのかもしれない。なんか失敗が許されないような、ダメな自分を隠さなければいけないような、周りに迷惑をかけてはいけないような、そんな空気が漂っているんだ。僕がインドに来て、君のような人間たちに出会うことで学んだのは、さらけ出すことの美学のような、そんなもの。他人のヘタレ感を、自分のヘタレ感を、『それでもいいじゃないか』と許し合うような、そんな感覚の素晴らしさなんだ。その感覚が、この本を読んでくれた人に少しでも伝わったら、僕は嬉しいんだ」

「もしそうなら、日本人はなんだか息苦しい生活をしてるんだな。こいつを見てみろよ」

とパーブーは砂の上で、後ろ足を器用に操りながら、ヨタヨタとラクダの糞のカケラを運ぶフンコロガシに目配せをした。

「人間の世界では忌み嫌われるウンコを、こんなに後生大事に、宝物のように運んでる。こいつらは、誰もが不必要で、いらないと排出したものを、自分たちが生きていく最も大切な糧としてるんだ。こいつらの気持ち、コーダイにわかるか？　いや、僕にだってわからない。そうだよ、わからないんだ」

彼のたとえ話は、時々僕を混乱させる。人間の不完全さの話をしていたのに、突然フンコロガシだって？

「突然フンコロガシ？　なんの話だ？」

「『わからない』ということの大切さを伝えたかったんだよ。『わからない』が全ての前提になってれば、僕らはさらけ出せるんだ。許せるんだよ、他人を。だって、どんな酷いことを言われたりされたりしても、なんでそいつがそんなことをしたのか、どうやったってわからないんだから。もちろん、わかろうとすることはできる。でも正解に至ることなんてできない。だから、最終的には『そういうものなのかな』と、受け流していく部分が必要になってくる。もっというと、『そんなお前でも、生きてるんだよな』という、あきらめのようなものになってくる」

「そうか、そもそもの人間の不条理さを引き受ければ、完全にわかり合おうとすることが無駄な努力だということがわかる、ってことか。僕もきっと、その本の中で、僕の中の不条理な部分や不完全さをさらけ出すことになる。でもそこで僕はきっと、『僕のことをわかってくれよ』という押し付けのようなことをしてしまうかもしれない」

「なんて独りよがりな本だ！　でもまあ、誰からも尊敬される立派な人間にならなきゃいけないと肩肘張っている人が読んだら、少し楽になれるかもしれないな。こんなダメな奴より、自分はマシだ！　って言ってね。ウソ、ウソ。冗談だよ。『僕らはそもそも、みんなダメ人間だろう？　みんなもっとダメな自分をさらけ出そうよ。そうすれば少しだけ生き方が楽になるよ、他人を許せるよ』。そんなことを言いたいんだろう？」

「それもある。それと、僕らはみんな異質で、お互い変なことばかりしたり考えたりしてる。その『変』をぶつけ合ったら、互いにゆさぶり合いつつ、新しい物語を作れるんじゃないか？　っていう可能性の話だよ」

「それはそうだな。なんにせよ、君の存在がなんとも『変』だよ。テクノロジーに囲まれた安全な日本から飛び出して、こんな野蛮な沙漠の世界に足繁く通う酔狂な人間が、他にいるか？　ツーリストならわかる。彼らは奇妙な世界をそっと覗き込んで、『すげー！』って言って立ち去るだけなんだ。でも君は、その奇妙さの中にどんどん潜り込もうとする。君の沙漠の結婚式[47]の時もそうだったけど、もう僕らの社会では君がなんかするたびに噂話が絶えないんだ。君も僕らをゆさぶってるんだよ」

「パーブー、君は僕と出会うことで、何か変わったのかい？」

「はは！　君がいなかったら、僕はあのバラモンの家の靴置き場にまだいただろうな。あの時『居間に上げろ』と君が主張した時から、僕の人生はひっくり返ったんだよ。その自覚はあるかい？」

「いや、あの時は必死だったから。ただ、悔しかったんだよ。一人の人間を、そんな扱いしていいのかって」

「そうさ、考えることなく、とっさに飛び出した君の言葉が、僕の人生を変えた」

「それは、君にとっていいことだったのかい?」

「う〜ん、いいことか悪いことかはわからないけど、でも、ただ嬉しかったんだ。僕をこんなに気にかけてくれる人がいるという事実が。あと、靴置き場じゃなくて、居間に上がっていいという可能性があることが」

「可能性……か」

「そう、可能性。異質なものとの出会いは、常に可能性に開かれている。だから、変な奴といっぱい出会ったほうがいいのかもな。君の本のタイトルが決まったな。『変な奴との出会い方』。どうだい?」

47 僕は2006年に日本人女性(今の妻)との結婚式を、タール沙漠で挙げた。日本に帰国後、「正式」な結婚式は2007年に行った。沙漠での結婚式には、トライブの親族のみんなとともに、近隣のさまざまな人々が200人以上集まってくれた。この出来事は、沙漠の広範なネットワーク社会の中でも随分と話題になり、その後「なんで呼んでくれなかったのだ!」と多くの人々に怒られ続けることになった。この珍騒動に関しては、また別のところで書けるかな。

「なんだそのダサいタイトル！」

僕らはゲラゲラ笑った後、澄み渡った満月の空を、ぼんやりと眺めた。

砂交じりの乾燥した風がブワッと舞うとともに、燃え尽きて消えそうだった薪から、継ぎ足した新しい薪に火が乗り移った。風にゆれながら、生まれたてのまだ弱々しい炎が、あたりをゆらゆらと照らし始める。

ああ、明日もまた、暑い1日になりそうだ。

あとがきにかえて——旅の終わりに

ヘタレ人類学者との長旅、大変お疲れさまでした。僕も疲れました。ただでさえ濃厚なインド世界での出来事を、フィールドノートをひっくり返しながら当時の感覚のままに思い出し、臨場感を持って凝縮した形で書き綴ることは、並々ならぬ精神力を必要としました。得たデータを、ある種の論理性を持って美麗に配置していこうとする民族誌とは全く違う、変な頭の使い方が要求されました。告白します。博士論文よりもはるかに困難な作業だったと。でも、これまでの僕のインドや沙漠の世界との関わり方を包括的に捉え、自身の経験がどのような意味を持っていたのかを振り返りながら言語化する作業は、新たな発見の連続でした。本当にこの作業をやってよかった、と思っています。

本書は、できる限り忠実に（嘘のないように）、資料を駆使して当時の状況や行動、感覚を再現しつつ書き進めましたが、パーブーやさまざまな出会った方々との対話や現場の状況、自分の心境などは、記憶を頼りにするほかなく、「執筆時の僕」の感覚や想像力に寄り添ったものになっているでしょう。その意味で、本書はリアリティとイマジネーションの間を行き来する「物語り」です。パーブーが読んだら、きっと怒ります。「僕はこんなこと言ってない！」とか、「この時はもっと違う状況があった！」などなど。つまり、人類学者が書いたものですが、学術的な緻密さからは少し距離をとっています。本書は民族誌ではなく、あくまでも「物語り」であることを、ぜひご理解ください。

とはいえ、本書で僕が皆さまにお伝えしたいと考えていた内容に、偽りはありません。30年近くのインドでの体験と、そこから見えてきた日本社会の様相を交差させながら、僕らが生きていく上で大切だと僕が思った要素をちりばめました。それが、読者の皆さまにどれほど刺さるものなのかは、皆目見当がつきません。あまり真似できるようなものでもありませんので、再現性もありません。でも、この地で体験し、その断片を言語化・一般化しようと試みた（抽象化された）要素たちは、どこかで現代社会を生きる我々にも重なるところがあるのではないか、と期待するものです。本書の1行でも、1ワードでもいいので、皆さまが共感し、ゆさぶられる箇所がありましたら、望外の喜びです。

本書のキーワードは「ヘタレ」と「ゆらぎ」です。簡単にいうと、ヘタレているからこそ、ゆらげた、ということになりましょうか。そして本書が強調してきた「ゆらぎの世界」は、きっと僕らの生き方や人間関係、社会のあり方にとって豊かな意味をもたらす、重要な領域になってくるのではないか、という確信を持っています。それには、僕らはもっと「ヘタレ」に対する許容力を高めなければいけないように思います。文化人類学という学問は、まさにこの「ヘタレ」た部分をコアな価値として捉え、他者との邂逅が生み出す齟齬《そご》に注視し、その交感が生成させてしまう世界に希望を託し、だからこそ人間って面白い！　と言ってのけることのできる学問であってほしい、と考えています。

とはいえ、これまでの人類学の蓄積の中で、人間の持つヘタレた部分をさらけ出した作品は、あまり多くないように思います。代表格は、なんと言っても『マリノフスキ日記』でしょう。「近代人類学の父」「フィールドワークの創始者」とも言われるポーランド生まれの人類学者ブロニスワフ・マリノフスキの没後に発見された日記群を出版してしまったものです。これは、彼が意図して表に出たものではないので、作品とはいえないかもしれません。しかし、その中で書かれているものは、偉大なるフィールドワーカーとしての神話をことごとく打ち砕いてしまうほどのヘタレ全開の日々。毎日のように寝坊し、現地の人々への憎悪の感情をぶちまけ、過去の女性に対する欲情に駆られ、調査が嫌になって引きこもって小説ばかりを読み耽る、等身大のヘタレ人類学者。

彼を非難することは簡単です。調査中に何やってんだよ、お前、と。でも、彼が生み出した珠玉のようなその後の作品群は、そんなヘタれた彼だからこそ描くことのできた、人間の本質に肉薄するようなディープなものだったのではないかと思います。僕はその域に達するべくもない、アカデミアの隅でひっそりと咲くかすみ草のような存在ですが、マリノフスキの苦悩の一端でも共有できる人間として、表現できるものがあるのではないか、と筆を執った次第です。

最後に、お世話になった方々に心からの感謝を捧げます。感謝がない世界の話を書いた本書で、最後に感謝を述べるとは何事か、というお叱りを受けそうですが、やっぱり「ありがとう」と伝えたい気持ちには、偽りはないのです。ちゃんと本チャンの返礼を用意して、いつかお返しができることを願っています。

まずは人類学者になるなどという酔狂な道を進む息子を、精神的にも経済的にも応援してくれた亡き父と老いた母、そして兄に。これまでに、どれほどの心配と心労をかけたかと思うと心苦しい限りですが、なんとかこの不確実な世界で生き抜くことはできているようです。さらにこのヘタレ人間の素行の悪さを許容し、苦言を呈しながらも支えてくれている妻と娘へ。これら「日本にいる家族」が、僕の人生を支え、どれほど鮮やかに彩ってくれていることか。感謝しかありません。いつもありがとう。

そして、インドで出会った人々、特に「沙漠にいる家族」へ。あなたたちと出会わなかったら、本書はもちろん、人類学者として生きていく道は存在しなかっただろうし、何より生きることとの意味をたくさん学ばせてもらいました。怒られるので、あなた方には「ありがとう」とは言いません。またお土産を持って帰ります。パーブーよ、日本のジーンズが欲しいと言っていたな。任せとけ。

人類学者としてのキャリアを歩む中でお世話になった方々へ。「自分を壊せ」と詰め寄ってくれた故大塚和夫先生、指導教員を長年引き受けていただいた伊藤眞先生ほか、数えきれないほどの人類学の先達たち、同僚、後輩たちに恵まれて、ここまでやってこれました（全員のお名前を書き連ねたら数ページになりそう！）。その結果が、この訳のわからないヘタレ本かよ！　と叱られそうですが。ちゃんと論文も書きますので許してください。

そして、本書を出版するにあたってお世話になった方々へ。「変人類学」などという奇異な領域を立ち上げた僕を面白がってくれ、かつ出版へと繋げてくれた加藤昌治氏（総合プロデューサー）。本書は貴殿の企みが生み出した令和の変著といえましょう。感謝してもしきれません。また、こんな持ち込みをビール片手にあっさりと引き受けてくれた大和書房の白井麻紀子さん。我々3人の異様なグルーヴ感が酒場で生まれなければ、本書の企画自体なかったでしょう。そしてそのウネリを作り出す最高の空間を提供してくれた新宿のゲイバー「ちんちら」のママたちへ。下ネタは控えめに（コンプラとかウルサイから）。

また、本書に素晴らしい推薦文を送っていただいた山極壽一先生、中島岳志さん、松村圭一郎さん、小川さやかさんに、心からの感謝を！　とっ散らかったトピックを詰め込んだ本書の核心を、独自の視点で切り取っていただき、かつ見事に丁寧に集約していただき、感激いたしました。どなたもその著作に触れ、さまざまな場面でご一緒させていただき、かねてより尊敬の念を抱いてきた方々です。今回縁あってご協力を賜ることができ、とても幸せでした。いただいたお言葉を胸に、さらに精進いたします。

最後に、この珍妙なヘタレ旅に最後までお付き合いいただいた読者の皆様。まだまだ在庫はございますので、一冊とは言わず、ご家族ご友人の分も数冊ご用意いただければ幸いです。積読になってもいいのです。いつか手に取る日がくることを祈って……冗談です。本を通じてですが、皆様とお会いできたことをとても嬉しく思っております。いつか実際にお会いする機会がございましたら、ぜひお声掛けください。ヘタレトークに花を咲かせましょう。

2024年10月23日（大明日《だいみょうにち》の大安）
散らかしまくった自宅の部屋にて

小西公大（こにしこうだい）

1975年、千葉県生まれ。東京学芸大学・多文化共生教育コース准教授。専門は社会人類学、南アジア地域研究。インドや日本の離島（佐渡島・隠岐島）をフィールドに、アートや芸能、音楽のもつ力を通じた社会空間の創造に関する研究を進めている。また、「これからの時代を担うのは変人である」をモットーに、変人類学研究所を立ち上げる。変人學会理事。XR時代の人類の知覚・認識と可能性を模索し実装を目指す拡張人類学研究所メンバー。僕らの社会にゆらぎや余白を生み出し、包摂的で創造的な社会に変えていきたいと、日々もがいている。

主な著作に、編著『そして私も音楽になった：サウンド・アッサンブラージュの人類学』(2024年、うつつ堂)、共著 *Jaisalmer: Life and Culture of the Indian Desert*（2013, D.K.Printworld)、共編著『フィールド写真術』(2016年、古今書院)、『人類学者たちのフィールド教育』(2021年、ナカニシヤ出版)、『萌える人類学者』(2C21年、東京外国語大学出版会)『インドを旅する55章』(2021年、明石書店）などがある。

ヘタレ人類学者《じんるいがくしゃ》、沙漠《さばく》をゆく
僕《ぼく》はゆらいで、少《すこ》しだけ自由《じゆう》になった。

2024年　12月　25日　第1刷発行

著者　小西公大《こにしこうだい》
発行者　佐藤　靖
発行所　大和《だいわ》書房
東京都文京区関口1-33-4
電話　03-3203-4511

ブックデザイン　山田和寛＋竹尾天輝子（nipponia）
カバーイラスト　藤本将綱
校正　円水社
本文印刷所　信毎書籍印刷
カバー印刷所　歩プロセス
製本所　小泉製本
JASRAC出　2409062-401

ISBN978-4-479-39441-9

乱丁·落丁本はお取り替えいたします。
http://www.daiwashobo.co.jp